THESE POUR LE DOCTORAT DE PHILOSOPHIE SCOLASTIQUE

(INSTITUT CATHOLIQUE DE PARIS)

LA THÉORIE DE L'INTELLIGENCE

CHEZ ARISTOTE & CHEZ SAINT THOMAS

PAR

L'Abbé P. GARNIER

LICENCIÉ EN PHILOSOPHIE SCOLASTIQUE
LICENCIÉ ÈS-LETTRES, LICENCIÉ EN DROIT
ANCIEN ÉLÈVE DU COLLÈGE DES SCIENCES SOCIALES.

NANCY

A. CREPIN-LEBLOND, IMPRIMEUR-ÉDITEUR

21, RUE SAINT-DIZIER, RUE DES DOMINICAINS, 40

(Passage du Casino)

1902

LA
THÉORIE DE L'INTELLIGENCE
CHEZ ARISTOTE ET CHEZ SAINT THOMAS

THESE POUR LE DOCTORAT DE PHILOSOPHIE SCOLASTIQUE

(INSTITUT CATHOLIQUE DE PARIS)

LA THÉORIE DE L'INTELLIGENCE

CHEZ ARISTOTE & CHEZ SAINT THOMAS

PAR

L'Abbé P. GARNIER

LICENCIÉ EN PHILOSOPHIE SCOLASTIQUE
LICENCIÉ ÈS-LETTRES, LICENCIÉ EN DROIT
ANCIEN ÉLÈVE DU COLLÈGE DES SCIENCES SOCIALES.

NANCY

A. CRÉPIN-LEBLOND, IMPRIMEUR-ÉDITEUR

21, RUE SAINT-DIZIER, RUE DES DOMINICAINS, 40

(Passage du Casino)

1902

LA THÉORIE DE L'INTELLIGENCE

CHEZ ARISTOTE ET CHEZ SAINT THOMAS

INTRODUCTION

La théorie de l'intelligence chez Aristote et chez St Thomas a été si souvent étudiée, qu'on redoute presque de ne pouvoir y revenir aujourd'hui, sans se condamner à des répétitions inutiles. Cependant il semble qu'on ait, en général, trop facilement, considéré les psychologies de ces deux philosophes comme identiques ; on se sent porté à ne voir dans le grand docteur scolastique qu'un interprète du « maître ». Ce sentiment est peut-être entretenu chez certains critiques, à la fois par la difficulté, souvent réelle, de comprendre Aristote sans Thomas d'Aquin, et, aussi par un véritable préjugé contre l'originalité du philosophe chrétien. On s'efforcera dans cette courte étude, de condenser la psychologie de l'intelligence chez Aristote, telle qu'elle semble ressortir du texte, abstraction faite de toute idée préconçue ; on esquissera le rôle et la nature de l'intelligence. Puis la doctrine du νοῦς ainsi résumée, on en rapprochera la théorie thomiste de l'intelligence. Une rapide comparaison permettra de grouper les points communs, de discerner les différences, et de reconnaître ensuite s'il est juste de traiter la philosophie de St Thomas d'œuvre purement artificielle, et dépourvue de toute originalité ; on verra si la psychologie du saint docteur ne marque pas un progrès sur celle d'Aristote, et en quoi consiste ce progrès.

PREMIÈRE PARTIE

RÔLE GÉNÉRAL ET NATURE DU νοῦς DANS LA PHILOSOPHIE D'ARISTOTE.

CHAPITRE PREMIER

L'IMPORTANCE DU νοῦς CHEZ ARISTOTE.

Platon appelait Aristote : « l'Intelligence, l'Entendement de l'Ecole (1) ». Il voyait en son disciple la personnification même de la raison. Toujours, en effet, et partout dans ses ouvrages, dans la Morale à Nicomaque, dans la Métaphysique, dans les Analytiques, dans la Politique, dans le Traité de l'âme, Aristote soutient que rien n'est aussi précieux que l'entendement. Bien des fois il a répété qu'il « faut admettre que l'intel-

---

(1) Penjon, Histoire de la philosophie, p. 78.

ligence est la première en genre et la souveraine en nature...» (1) « Si ce principe, disait-il, n'est rien par la place étroite qu'il occupe, il n'en est pas moins infiniment supérieur à tout le reste en puissance et en dignité (2). » Dans la Politique (3), il écrivait également : « Toujours un objet moins bon est fait en vue d'un objet meilleur, chose non moins évidente dans l'art que dans la nature ; et ici, l'objet meilleur, c'est la partie raisonnable de l'âme ».

Arrivant aux chapitres du livre troisième du « Traité de l'âme », où Aristote développe le plus sa doctrine du νοῦς, Barthélemy Saint-Hilaire s'écrie : « Nous touchons à la plus grave de toutes les théories, qui sont développées dans le « Traité de l'âme » celle de l'entendement. En l'abordant, le style d'Aristote, habituellement déjà si austère, prend je ne sais quel nouveau degré d'austérité... Le ton du philosophe, sans cesser d'être simple comme toujours, devient solennel...(4) ». Il semblerait qu'Aristote ne parle pas du νοῦς sans éprouver un sentiment de respect. Le traducteur d'Aristote n'a d'ailleurs pas été seul, parmi les modernes, à comprendre toute l'importance et la grandeur du rôle de la raison dans la philosophie du « Lycée » ; si beaucoup de philosophes ont cru voir dans les doctrines péripatéticiennes, un véritable sensualisme, d'autres ont réagi contre ces illusions, et ont affirmé le « rationalisme d'Aristote » ; c'est le titre d'une

---

(1) Traité de l'âme, l. I, ch. V, § 12. Ed. Didot.
(2) Morale à Nicomaque, l. X. ch. VII, § 8.
(3) L. IV. ch. 13, § 6.
(4) Préface de la « Psychologie d'Aristote », p. 25.

thèse de doctorat que M. Denis présentait en 1847 à la Sorbonne.

La raison, en effet, d'après Aristote, domine et enveloppe toute la philosophie, la philosophie pratique, comme la philosophie théorique. L'intelligence règle tout ; elle doit tout ordonner. Tout s'explique par la pensée, perfection la plus haute, acte le plus parfait, bien le plus élevé. La pensée semble réunir à la fois en elle la forme, la cause motrice, et la fin, de tout ce qui est. De la nature à Dieu, partout, on rencontre la pensée, à un état plus ou moins indéterminé, plus ou moins imparfait, tantôt comme simple tendance, comme simple puissance, tantôt à l'état d'acte.

Pour déterminer la portée de la raison, l'étendue de son domaine, et la diversité de son influence, on peut la considérer tout d'abord dans les régions de l'idéal, dans la politique, et dans la morale, qu'elle domine ; puis, si des lois, des principes de l'activité humaine, on s'élève jusqu'à leur source même, on trouve en Dieu la raison à son état le plus pur ; si de Dieu enfin, on descend dans l'univers, et dans l'âme, partout on saisira, à un degré différent, les manifestations de l'intelligence.

La raison, planant au-dessus de la *politique* aristotélicienne, sert, indirectement, de justification à l'esclavage. L'être propre aux seuls travaux corporels, est la possession de celui qui est capable des fonctions intellectuelles. Le souverain bien, d'autre part, résidant dans le loisir intellectuel, les professions utiles sont indignes du citoyen.

Mais la raison a une fonction plus noble en

politique, que d'expliquer certains préjugés sociaux. Observateur impartial et éclairé, Aristote est obligé de reconnaître que « la raison et l'éducation n'ont pas prise sur tous les caractères » ; il trouve alors dans la traduction, dans l'expression de la raison, dans la loi, un remède à l'insuffisance même de la raison. «... Il faut, dit-il, que la loi suive l'homme durant son existence entière ; car la plupart des hommes obéissent bien plutôt à la nécessité qu'à la raison...» « Il n'y a que la loi qui possède une force coërcitive égale à celle de la nécessité, parce qu'elle est *l'expression*, dans une certaine mesure, de *la sagesse et de l'intelligence* (1). »

La souveraineté puise son autorité dans la raison. Le législateur doit surtout régler ses lois sur la partie la plus élevée de l'âme, sur la raison (2). «... La souveraineté appartient aux lois fondées sur la raison. » « Quand on demande la souveraineté de la loi, on demande que la raison règne avec les lois. » «... La loi, c'est l'intelligence, sans les passions aveugles (3). »

Trouvant, en politique, son expression dans la loi, la raison réalise encore, *en morale*, le souverain bien.

C'est « la droite raison », qui prescrit le *devoir*, le juste milieu (4). « Toute intelligence choisit toujours ce qu'il y a de mieux pour elle-même ; et

---

(1) Morale à Nicomaque, l. X, ch. 10 ; § 6 ; § 9 ; § 12.
(2) Politique, l. IV, ch. 13, § 9.
(3) Id.   l. III, ch. 6, § 13 ; et ch. 11, § 4.
(4) Morale à Nicomaque, l. VI, I, § 1.

l'homme de bien n'obéit qu'à l'intelligence et à la raison (1) ». « La fonction propre de l'homme serait l'acte de l'âme conforme à la raison, ou du moins l'acte de l'âme qui ne peut s'accomplir sans la raison (2). » Dans l'homme la *vraie fin* de la nature c'est la raison et l'intelligence, seuls objets qu'on doive avoir en vue dans les soins prodigués à la formation de son être et à la formation de ses mœurs (3). «... L'homme est le seul qui joigne la raison aux mœurs et à la nature. Il faut que ces trois choses s'harmonisent entre elles ; et, souvent la raison combat la nature et les mœurs ; quand elle croit meilleur de secouer leurs lois (4). » En cas de conflit entre ces diverses forces, la *raison a la primauté*.

Critiquant Platon et Socrate, qui réduisaient *la vertu* à la science, Aristote affirme qu'en « ce qui regarde la vertu, il ne peut pas suffire de savoir ce qu'elle est ; il faut en outre s'efforcer de la posséder et de la mettre en usage, ou de trouver tel autre moyen pour devenir vertueux et bon (5) ».

Cependant si la vertu ne peut se confondre avec la raison, on peut affirmer que, *sans raison*, il n'y a *pas de vertu*. Les vertus naturelles ne sont pas véritablement des vertus, tant qu'elles ne sont pas éclairées par la raison. Au contraire, « quand l'agent est doué d'entendement, cela fait dès lors une

---

(1) Mor. à Nicom., l. 9, ch. 8, § 8.
(2)   id.   l. 1, ch. 4 §, 14.
(3) Politique, l. IV, ch. 13, § 22.
(4)   »   »   ch. 12, § 7.
(5) Mor. à Nic., l. 10, ch. 10, § 2.

grande différence dans sa manière d'agir. Sa disposition morale, tout en restant pareille, deviendra de la vertu dans le sens propre du mot (1) ». La vertu est une habitude morale « conforme à la droite raison ». «... Il n'y a pas de vertu, qui ne soit accompagnée de raison. » Et, « la vertu n'est pas seulement la disposition morale qui est conforme à la droite raison, c'est aussi la disposition morale qui applique la droite raison qu'elle possède, et la droite raison, sous ce point de vue, c'est justement la prudence (2) ».

La seule fin de la raison est *le bien*. «... Le sage, comme la raison, n'a point d'autre but que le bien ; il ne désire que ce qu'il faut, il le désire comme il faut, et quand il faut ; et c'est là aussi précisément ce que la raison ordonne (3). »

Le *souverain bien*, d'autre part, réside dans l'exercice de la raison, dans la vertu contemplative.

L'acte de l'entendement est l'acte le plus conforme à la vertu, le plus heureux, l'acte qui dure le plus. Le bonheur est l'acte conforme à « la vertu de la partie la meilleure de notre être ». Or, «... cet acte est celui de la pensée et de la contemplation », car «... l'entendement est la plus précieuse des choses qui soient en nous... ». « On dirait en outre que cette vie de la pensée est la seule qui soit aimée pour elle-même ; car il ne résulte rien de cette vie que la science et la contemplation... »

---

(1) Mor. à Nic., l. VI, ch. XI, § 2.
(2) Morale à Nicom., l. VI ; ch. XI ; § 5.
(3)   »   l. III ; ch. 13 ; § 9.

« Ainsi et l'indépendance qui se suffit, et la tranquillité, et le calme, autant du moins que l'homme peut en avoir, et tous les avantages analogues, qu'on attribue d'ordinaire au bonheur, semblent se rencontrer dans l'acte de la pensée qui contemple(1).»
«... La vie propre de l'entendement est une vie divine, par rapport à la vie ordinaire de l'humanité. » C'est « la vie la plus heureuse, que l'homme puisse mener ».

Le bonheur intellectuel est infiniment supérieur ; il ne dépend presque nullement des choses extérieures. « Le parfait bonheur est un acte de pure contemplation », un acte divin. « Aussi loin que va la contemplation, aussi loin va le bonheur ; et les êtres qui sont les plus capables de réfléchir et de contempler, sont aussi les plus heureux, non point indirectement, mais par l'effet même de la contemplation ; car elle est en soi d'un prix infini ; et je me résume en disant que le *bonheur* peut être regardé comme une *sorte de contemplation* (2). » Aussi, «... la condition la plus fâcheuse... est-elle celle qui, soit par excès, soit par défaut, nous empêche de servir Dieu et de le contempler ». « L'acte de Dieu, qui l'emporte en bonheur sur tout autre acte, est purement contemplatif ; et l'acte qui, chez les humains, se rapproche le plus intimement de celui-là, est aussi l'acte qui leur assure le plus de félicité (3). »

---

(1) Morale à Nicom., l. X ; ch. VII ; entier.
(2) Morale à Nicomaque, l. X, ch. VIII, entier.
(3) Morale à Eudème, l. VII ; ch. XV ; § 16.

La raison est donc à la fois la loi du devoir, et la fin de la nature humaine, elle est la condition essentielle de la vertu, et aboutit au bien ; l'exercice de l'intelligence, la contemplation constitue le souverain bien ; c'est l'acte qui nous rapproche le plus de Dieu.

Dieu, en effet, est *pensée*. Premier moteur, il est tout en acte, il est sans matière. Dieu est la pure intelligence, le νοῦς par excellence. C'est une intelligence, qui se contemple éternellement elle-même, et qui ne diffère pas de l'objet de sa contemplation ; elle est la suprême unité de l'être pensant et de l'objet pensé, de l'intelligence et de l'intelligible, du sujet et de l'objet. C'est la pensée de la pensée (1). Dieu est l'intelligence éternelle, qui se pense elle-même. Il est cause de l'ordre et du mouvement (2), et la seule intelligence en dehors du mélange, et parfaitement pure (3).

L'intelligence divine ne sort pas d'elle-même, et elle ne reçoit rien en elle ; mais « la pensée de la pensée » exerce une sorte *d'attraction* sur l'univers entier. L'intelligence est source de *progrès* ; elle est *l'existence*, elle est *principe de vie*, et *d'individualité*.

Dieu, premier moteur, la Pensée, agit sur le monde : le mouvement universel, le passage continuel de la puissance à l'acte, la vie, est tout entière dans l'effort, par lequel la matière monte de degré

---

(1) Métaphysique, l. XII, chap. IX entier.
(2) Métaphysique, l. III ; § 28 et 29.
(3)   »   l. VII ; § 16.

en degré, vers la fin surnaturelle, qui l'attire. *Le progrès du monde tend à la pensée.* Sous l'influence de l'acte pur, le monde gravite lentement, de perfection en perfection, vers la pensée, qu'il atteint dans l'intelligence humaine. A tous les degrés de la vie, la nature s'élève vers la forme achevée de la pensée (1). « Le monde, selon Aristote, écrivait Ravaisson (2), est la manifestation de la pensée divine, particularisée, multipliée, diversifiée dans les puissances de la matière, plus ou moins transformée en son action ; en acte dans soi seul, et dans les pures intelligences où elle se réfléchit, en puissance, plus ou moins proche de l'acte dans tout le reste... »

Source de progrès universel l'intelligence constitue, par elle-même, *l'existence.* «... La vie n'est, en quelque sorte, qu'une connaissance (3) ». «.. La vie appartient certainement à Dieu, puisque l'acte de l'intelligence, c'est la vie même, et que l'intelligence n'est pas autre chose que l'acte. Ainsi, l'acte en soi, est la vie de Dieu ; c'est la vie la plus haute qu'on puisse lui attribuer (4). »

La raison est *l'essence même de l'homme* (5). « C'est le principe intelligent qui, dans l'homme, est le fond même de l'individu, ou qui du moins paraît l'être plus que tout autre principe en nous. » Le

---

(1) Métaphysique, l. XII ; et JANET SÉAILLES : *Histoire de la philosophie.*
(2) Métaphysique d'Aristote, II, p. 16, 17, 21.
(3) Morale à Eudème, l. VII, ch. XII, § 6.
(4) Métaphysique, l. XII, ch. VII, § 7.
(5) Morale à Nicomaque, l. IX, chap. IV ; 2.

principe intellectuel « constitue chacun de nous et en fait un individu, puisqu'il en est la partie dominante et supérieure... (1) ». « Pour l'homme, ce qui lui est le plus propre, c'est la vie de l'entendement, puisque l'entendement est vraiment tout l'homme... ».

Le νους, à l'état pur, en Dieu, à l'état de simple tendance, de désir, de puissance dans l'univers, où il est principe de progrès, et de vie, *se réalise* donc *dans l'homme* dont il fait l'individualité.

C'est dans l'homme qu'il est le plus facile d'étudier le νους. On peut essayer successivement de déterminer sa place exacte, son extension, ses lois, ses parties, sa nature métaphysique ; le pouvoir de connaissance du νους et son rôle comme principe d'action seront ensuite examinés. L'origine et la destinée du νους termineront l'objet de cette rapide exposition, *purement historique.*

---

(1) Morale à Nicomaque, l. X, ch. VII, § 9.

CHAPITRE II

L'ANALYSE DU νοῦς. — LA RAISON THÉORÉTIQUE.

Le νοῦς agit, en quelque sorte, comme cause finale dans la nature, il exerce sur elle une sorte d'attraction, mais il n'est présent dans le monde de la matière que sous forme de tendance, de désir, de puissance, comme le soleil est dans la fleur qu'il anime, qu'il colore et qu'il attire à lui. En l'homme, au contraire, le νοῦς n'est pas seulement présent du dehors ; il est réellement en lui. Tout être humain ne reçoit pas seulement un reflet, un rayon de lumière du νοῦς divin, mais il possède son νοῦς. C'est ce qui fait la grandeur, et la dignité de l'homme, ce qui le place infiniment au-dessus de l'animal, ce qui lui permet de se donner des lois, d'aspirer de toutes les forces de son être au souverain bien, d'adorer Dieu, de comprendre l'ordre et l'harmonie de l'univers, de se connaître lui-même, de vivre d'une vie divine.

L'homme est un composé de matière et de forme, de puissance et d'acte : il a un corps organisé, et une âme, forme inséparable du corps. L'âme, cet acte auquel tend le corps, comprend plusieurs degrés; elle a quatre grandes manifestations, quatre grandes puissances : la nutrition, la locomotion, la sensibilité, et enfin, l'entendement. L'âme nutritive est nécessaire à tout vivant ; tout animal, tout être doué de la locomotion ne saurait être dépourvu de sensibilité (1) ; *l'intelligence suppose toutes ces facultés* (2) mais elle ne les suit pas forcément. L'âme humaine seule est douée de la pensée (3). C'est la faculté maitresse et supérieure de l'âme. « Aristote, dit Cousin (4), met au-dessus de la ψυχή, le νοῦς, l'esprit, l'intelligence, l'âme des modernes et des chrétiens, principe qui est uni à la ψυχη sans en dépendre ; et ce principe-là il le déclare immortel et divin. » Et il ajoute : « le νοῦς est ce qui distingue l'homme des animaux, constitue sa supériorité, lui donne une place à part dans l'échelle des êtres. C'est le νοῦς qui est le lien de l'homme avec Dieu ».1

Il est facile de déterminer la place du νοῦς dans l'âme, son rang à l'égard des autres facultés, mais il est plus délicat d'en donner une *définition* absolue et universelle. « Les termes nombreux et divers, dit M. Chaignet, sous lesquels Aristote désigne les modes et les facultés de connaître autres que la sensation, tantôt correspondent à une même idée, tantôt semblent exprimer des nuances et même des différences plus profondes (5). » Si l'on voulait dis-

---

(1) *Traité de l'âme*, III, ch. XII.
(2) *Traité de l'âme*, II, ch. III fin et III, ch. VIII, 3, Didot.
(3) *Traité de l'âme*, III, ch. III, 429 a. 6. Teubner.
(4) *Histoire de la philosophie*.
(5) CHAIGNET. — *Psychologie d'Aristote*, p. 470, note.

cuter en détail les divers termes employés par Aristote, quand il parle de l'intelligence, on obtiendrait peut-être des résultats plus intéressants au point de vue philologique, au point de vue de la formation de la langue philosophique, qu'au point de vue purement philosophique. Si la terminologie d'Aristote sur l'intelligence est très flottante, cela tient peut-être surtout à l'imperfection relative de la langue de la psychologie, à son époque, plutôt qu'au manque de précision de sa pensée. Quoi qu'il en soit, Aristote donne du νοῦς une définition qui semble en elle-même suffisante : λέγω δὲ νοῦν ᾧ διανοεῖται καὶ ὑπολαμβάνει ἡ ψυχή (1), l'intelligence, dit-il, est la faculté par laquelle l'âme *raisonne et conçoit*. Les termes de : νοῦς, διάνοια, ὑπόληψις, sont souvent synonymes, et désignent d'une manière générale l'activité intellectuelle. Le νοῦς est la faculté de raisonner, de comprendre, de délibérer. Dans un sens précis, la faculté de raisonner, d'abstraire, de combiner, la raison discursive, porte le nom de διάνοια. L'ὑπόληψις, prise dans un sens plus général, serait l'activité capable de saisir les rapports nécessaires. Enfin le νοῦς, proprement dit, consiste presque toujours dans l'intuition intellectuelle, qui porte immédiatement sur les principes de la raison.

Quelle est l'*extension*, quel est le contenu du νοῦς ? Le νοῦς est un principe d'opération purement intellectuel. Il ne renferme que les fonctions d'élaboration de la connaissance, telles que l'abstraction, la

---

(1) *Traité de l'âme*, γ, ch. IV, 429 a, 23, éd. de Berlin.

généralisation, le jugement, le raisonnement. Il ne comprend ni la sensation, ni la mémoire, ni l'imagination, qui sont intimement liées à des organes. L'intelligence, au contraire, est séparée du corps.

Aristote prend soin de *distinguer l'intelligence de la sensibilité* (1). La sensation précède l'imagination, et l'imagination la pensée. « Autre est l'intelligible, dit-il dans la « Grande morale (2) », autre est le sensible ; et comme c'est l'âme qui nous les fait connaître l'un et l'autre, il faut que la partie de l'âme qui se rapporte aux sensibles, soit tout autre que celle qui se rapporte aux intelligibles. » L'âme est autrement disposée, quand elle connaît les choses particulières et quand elle saisit leur essence, τὸ τί ἦν εἶναι. La sensibilité distinguera dans la matière *cette chair*, mais nous aurons l'idée générale de *la chair*, par une faculté séparée, ou du moins redressée : τὸ σαρκὶ εἶναι καὶ σάρκα καὶ ἢ ἄλλῳ ἢ ἄλλως ἔχοντι κρίνει (3). « Le νοῦς connaît, par exemple, l'essence de la chair, et la chair, par une autre faculté, ou en étant autrement disposé. » La notion sensible et l'idée universelle étant différentes, ne sont pas perçues par la même faculté.

La pensée se distingue, en effet, clairement *de la sensation*. Si l'intelligence était mêlée au corps, elle aurait des qualités sensibles, ou quelque organe (4). C'est à tort que les anciens ont dit que sentir et

---

(1) ψ γ. 3, 427 b - 14.
(2) L. I, ch. 32, § 5.
(3) ψ γ. 4, 429 b - 12.
(4) ψ γ. 4, a 24.

réfléchir était la même chose. Ils supposaient la pensée corporelle, comme la sensation, et croyaient que le semblable sentait et comprenait le semblable.

La pensée n'appartient qu'aux êtres doués de raison. — Tandis que, d'autre part, dans tous les animaux, la sensation des choses particulières est toujours vraie, la pensée peut admettre le bien et le mal (1). — Enfin, l'impassibilité de la sensibilité n'est pas la même que celle de l'intelligence. Si la sensation est trop forte, il n'y a pas de sensibilité ; au contraire, si la chose est fortement intelligible, elle est mieux pensée (2).

La *pensée diffère* aussi *de l'imagination*. L'imagination dépend de nous ; le jugement porté à la suite de sensations est nécessaire. L'opinion est fatale, elle s'adresse à des réalités, tandis que l'imagination a pour objet des images, que nous pouvons faire volontairement. Le mouvement affectif exprime la crainte, si l'objet de l'opinion est terrible et redoutable ; dans l'imagination, il n'y a pas d'effroi (3).

L'imagination n'est pas l'entendement : car, elle peut être fausse ; elle n'est pas non plus l'opinion, qui a pour conséquence la croyance. La croyance n'appartient jamais à la brute. La persuasion accompagne la croyance, et, la raison accompagne la

---

(1) γ. 3, 427 b ; 9.
(2) γ. 4, 429 b. 3.
(3) γ. 3, 427 b 15 et suiv.

persuasion ; jamais la bête ne la possède (1). Enfin, l'imagination diffère de l'opinion et de la conception, parce qu'il est des choses qui apparaissent sous de fausses images, quoique la conception soit vraie (2).

La pensée étant ainsi différente de la sensation et de l'image, l'intelligence est irréductible à la sensibilité. Mais alors comment la matière sera-t-elle connue par l'esprit ? *Comment la raison peut-elle connaître, si elle n'a rien de commun à rien ?* Ne semble-t-il pas que le contact du dissemblable doive produire l'erreur ? τὴν τοῦ ἀνομοίου θίξιν ἀπάτην εἶναι (3). Le dissemblable peut-il connaître le dissemblable ? Telle est la grande question qui se dresse au seuil même de la région des idées et du νοῦς. Le problème se pose sur le terrain de la connaissance.

Il semble qu'il y ait *hétérogénéité absolue entre le* νοῦς, faculté de connaître immatérielle *et les corps*. Comment le spirituel peut-il s'adapter à la matière, s'y assimiler ; comment le monde extérieur peut-il être représenté dans une essence dépourvue d'organes, capables de transmettre une impression, de la conserver, de la reproduire, ou de la transformer ? Peut-il y avoir autre chose qu'une connaissance purement empirique, contingente, particulière, relative ? S'il existe au-dessus de la sensibilité une autre faculté, de nature supérieure, comment peut-elle entrer en rapport avec le monde de la

---

(1) γ. 3, 428 a 17 - 24.
(2) γ. 3, 428 b 2.
(3) γ. 3, 427 b 3.

réalité, en saisir les causes et les lois, à travers les faits, les phénomènes, les antécédents et les conséquents ? N'y a-t-il pas véritablement contradiction à prétendre rapprocher la matière et la pensée pour établir une certaine compénétration entre deux réalités de nature absolument différente ?

Le νοῦς pur, en effet, le νοῦς divin *ne connait pas la matière*. La pensée et l'objet pensé, tous deux immatériels, se confondent dans l'intelligence de Dieu, « la chose pensée et l'intelligence qui la pense, n'étant point différentes, toutes les fois qu'il n'y a pas de matière, il y a alors identité ; c'est-à-dire que l'intelligence ne fait qu'un avec l'objet qu'elle pense (1) ». Et, ailleurs, Aristote dit encore : « L'intelligence en soi s'adresse à ce qui est en soi de meilleur ; et l'intelligence la plus parfaite s'adresse à ce qu'il y a de plus parfait. Or, l'intelligence arrive à se penser elle-même, en se saisissant intimement de l'intelligible, elle devient intelligible en se touchant elle-même, et en se pensant, de telle sorte que l'intelligence et l'intelligible se confondent... (2) ». La pensée parfaite ne pense pas l'imparfait ; la connaissance d'un monde, qui n'est pas pur, altérerait la pureté de la pensée. L'impur souille ce qui est pur, il est indigne de lui.

Par ce seul raisonnement, Aristote en arrive ainsi à séparer totalement la pensée de la matière. La dialectique est, en effet, la seule méthode d'investigation possible dans la psychologie divine.

---

(1) *Métaphysique*, l. XII, ch. IX.
(2) *Métaphysique*, l. XII, ch. VII.

Mais en est-il de même en psychologie humaine ? L'observation reprend tous ses droits. Or, c'est *un fait* d'expérience qu'Aristote n'a jamais songé à contester, que *l'homme connaît la matière*. La mission du philosophe ne consiste pas à mettre en doute cette vérité évidente, mais à essayer de l'expliquer.

Si le νοῦς humain a des portes ouvertes sur le monde de la matière, s'il ne construit pas sur des concepts tout à priori, s'il n'établit pas des rapports tout subjectifs, en faut-il conclure qu'il n'est pas pur, ou qu'il ne l'est pas complètement, ou qu'il est double, en quelque sorte, étant accessible par l'une de ses parties, espèce d'intermédiaire, à l'action de la sensibilité ? *Comment la communication du* νοῦς *est-elle possible avec le monde extérieur*, avec la matière ?

Sans doute, il ne faut pas oublier que « la pensée ne ressemble pas du tout à la sensation (1) »: la sensation est bornée, pour chaque sens, à un ordre spécial de fonctions, la pensée au contraire peut s'appliquer à tout. Néanmoins le *corps exerce sur l'intelligence* une certaine *influence*. Tout d'abord la pensée suppose nécessairement toutes les autres facultés : elle peut donc en avoir besoin ; et puis, la vieillesse de l'intelligence s'explique par celle des organes (2) et souvent aussi l'intelligence est obscurcie par la passion, par les maladies... Si Aristote n'a pas composé lui-même un traité de « Phy-

---

(1) *Grande Morale*, l. I, ch. 17, § 1.
(2) *Psychologie*, I, 4, § 13.

siognomonie », que certains ont pu lui attribuer, du moins est-il très probable que cet ouvrage comprend son enseignement. On lit, d'autre part, dans « les Problèmes », une remarque qui, pour être fausse, n'en donne pas moins une idée de l'importance qu'Aristote attribuait à l'action de la matière sur la forme : « Pourquoi, y est-il écrit, l'homme est-il le plus intelligent de tous les êtres ? N'est-ce pas parce que proportionnellement à son corps, c'est lui qui a la tête la plus petite ? (1) ». Le degré d'intelligence dépend d'ailleurs de la perfection des sens qui elle-même vient de la sensibilité tactile.

Non seulement l'intelligence n'est pas absolument indépendante de l'action du corps, mais il existe *certaines ressemblances* entre la sensation, l'imagination et la pensée. « ... La sensibilité et l'imagination ont le même rôle que l'intelligence, car toutes ces facultés sont des facultés de connaître... (2). » La sensibilité enveloppe, dans toutes ses opérations, une comparaison, un jugement, une connaissance. Les mouvements de l'intelligence et de la sensibilité ne sont pas sans analogies. Sentir ressemble à penser, sans affirmation, ni négation (3). L'âme fait une sorte d'affirmation, ou de négation, en poursuivant ou en fuyant une chose agréable, ou un objet pénible, en éprouvant du plaisir ou de la douleur, du désir ou de la haine.

---

(1) *Les Problèmes*, Section xxx, § 3.
(2) *Traité sur le principe général du mouvement dans les animaux*, ch. vi, § 5.
(3) γ. VII, 431 a, 8.

Aristote affirme même qu'il « faut avoir d'abord la sensation des faits particuliers, et que c'est cette sensation, qui constitue ensuite l'entendement (1) ». Il y a *apport de la sensibilité à l'entendement.* Comment, en effet, l'intelligence acquiert-elle les principes? C'est seulement peu à peu, par les sensations particulières, que nous acquérons la notion complète d'universel. Dans les êtres qui « conservent après la sensation quelque chose dans l'âme... » « ... se forme la raison, par cette persistance des sensations... » « Ainsi donc la mémoire vient de la sensation, et de la mémoire plusieurs fois répétée d'une même chose vient l'expérience ; car les souvenirs peuvent être numériquement très multipliés, mais l'expérience qu'ils forment est toujours une. *De l'expérience,* ou bien de tout l'universel qui s'est arrêté dans l'âme, unité qui, outre les objets multiples, subsiste toujours, et qui est une et identique dans tous ces objets, vient le *principe de l'art et de la science :* de l'art, s'il s'agit de produire des choses; de la science, s'il s'agit de connaître les choses qui sont (2). » « ... Ainsi, par exemple, s'arrête l'idée de tel animal, jusqu'à ce que se forme l'idée d'animal, qui elle-même sert aussi de point d'arrêt à d'autres idées. Il est donc bien évident que c'est nécessairement l'induction qui nous fait connaître les principes, car c'est ainsi que la sensation elle-même produit en nous l'universel (3). »

---

(1) *Morale à Nicomaque*, l. VI, ch. ix, § 4.
(2) *Derniers analytiques*, l. II, ch. 19, § 5.
(3) *Derniers analytiques*, l. II, ch. 19, § 7.

Cette origine empirique de l'art et de la science, les analogies dans le rôle et dans le mouvement de la sensibilité et de l'intelligence, l'influence du physique sur le moral, paraissent la marque évidente d'une certaine *communication* entre *l'esprit et la matière*. La connaissance de la matière par l'esprit semble donc certaine et possible. Mais on ne conçoit plus alors que le νοῦς soit absolument spirituel. La matière ne nécessite-t-elle pas en lui quelque chose d'organique. La *connaissance du monde* des corps *n'est-elle pas une cause d'imperfection*, de déchéance en quelque sorte pour le νοῦς. Restera-t-il pur ? Peut-il, d'autre part, y avoir un moyen terme ; ne faut-il pas croire que le νοῦς humain, semblable au νοῦς divin, est absolument pur, ou qu'il ne l'est pas ? La difficulté est peut-être reculée ; il ne semble pas que la lumière ait jailli pleinement des faits. Le monde extérieur et la pensée ne sont pas absolument étrangers l'un à l'autre, mais comment la communication est-elle réalisée entre le corps et l'esprit ? Si on essayait de systématiser les faits de dépendance et les analogies qui existent entre la sensibilité et l'intelligence, si on établissait les *lois de la raison humaine*, peut-être pourrait-on ensuite en *déduire* la *nature métaphysique* du νοῦς, et le *mécanisme de la connaissance.*

On peut formuler deux grandes lois générales du νοῦς :

1° Il y a mouvement nécessaire du sensible à l'intelligible ;

2° Il y a conception simultanée, il y a corrélation des contraires.

L'intelligence emprunte nécessairement à la sensibilité ses matériaux. Il n'y a *pas de pensée sans image* (1). Différentes des images, les pensées les supposent néanmoins, ainsi que les sensations. Les images sont pour l'intelligence, ce que sont les sensations pour la sensibilité, des intermédiaires nécessaires. L'intelligence est un centre, une moyenne unique « μία μεσότης » (2) pour les images, comme l'est le sens commun pour les sensations. — Les choses intelligibles « νοητόν » sont en puissance dans les choses matérielles (3), elles sont dans les formes sensibles, « ἐν τοῖς εἴδεσι τοῖς αἰσθητοῖς τὰ νοητά ἐστι ». Aristote dit que « l'âme intelligente pense les formes dans les images qu'elle perçoit... », « τὰ μὲν οὖν εἴδη τὸ νοητικὸν ἐν τοῖς φαντάσμασι νοεῖ (4) ». Il y a, en quelque sorte, trois degrés dans la connaissance : l'âme sent, par un sens spécial ; le sens commun lui fait percevoir le mouvement ; enfin elle comprend par l'intelligence. Il n'y a donc pas de pensée, sans image.

C'est une seconde loi de la raison humaine, qu'il y a conception simultanée des contraires : *l'intelligence va du contraire au contraire ;* ils sont corrélatifs (5). Les indivisibles, dit Aristote, sont connus par leurs contraires ; mais il en est de même

---

(1) ψ γ. 8. 432 a 7. «... οὔτε μὴ αἰσθανόμενος μηθὲν οὐθὲν ἂν μάθοι οὐδὲ ξυνίοι ὅταν τε θεωρῇ, ἀνάγκη ἅμα φαντάσματι θεωρεῖν.

ψ γ. 7. 431 a, 16 « οὐδέποτε νοεῖ ἄνευ φαντάσματος ἡ ψυχή. »

(2) ψ γ. 7. 431 a, 19.

(3) ψ γ. 4. 430 a, 6.

(4) γ. 7. 431 b. 1.

(5) ψ γ. 6. 430 b. 23. « τῷ ἐναντίῳ γάρ πως γνωρίζει. »

pour toute autre chose. Ainsi le mal est connu comme le contraire du bien. Et, de même qu'il suffit de connaître l'un des contraires pour connaître l'autre, de même quand on se trompe sur un des contraires, on se trompe également sur l'autre (1).

Ces deux lois qui régissent l'exercice de la raison humaine, semblent révéler dans le « νοῦς » la présence de deux puissances, de deux facultés différentes. Pour *tirer de la sensibilité ses matériaux*, l'esprit a besoin d'une certaine *capacité de réceptivité* passive ; d'autre part la *conception simultanée* des contraires, suppose le « νοῦς » doué d'*activité*, elle implique une force, une énergie. Il semblerait que la connaissance doive alors naître de l'action, et de la réaction de ces deux puissances l'une sur l'autre.

« Nul, pas même Platon, disait Cousin (2), n'a mieux qu'Aristote séparé la raison, l'intelligence de la sensibilité et de toutes les impressions qui viennent du dehors. Il va jusqu'à distinguer deux espèces d'intelligences, l'une qui est une sorte de réceptacle des impressions sensibles et donne naissance à un ordre inférieur de connaissances, « νοῦς παθητικός » l'autre essentiellement active, « νοῦς ποιητικός », qui n'a pas de commerce avec les objets extérieurs et par conséquent n'a pas besoin des organes, et n'a pour objets propres que l'universel, les principes, les vérités nécessaires. »

---

(1) ψ γ. 3. 427 b., 5. « δοκεῖ δὲ καὶ ἡ ἀπάτη καὶ ἡ ἐπιστήμη τῶν ἐναντίων ἡ αὐτὴ εἶναι ».

(2) Histoire de la philosophie, p. 156.

L'intelligence est une virtualité, semblable à la lumière, qui, des couleurs en puissance, fait des couleurs en réalité.

Il y a *deux parties* dans l'intelligence : l'une *active*, l'autre *passive*. Comme dans tout être se trouvent, la matière, ou l'objet en puissance, et la forme, ou la cause, qui fait tout, de même dans l'intelligence, une partie, qui peut tout devenir, est passive, et une autre est active, qui peut tout faire, « καί ἐστιν ὁ μὲν τοιοῦτος νοῦς τῷ πάντα γίνεσθαι, ὁ δὲ τῷ πάντα ποιεῖν » (1).

L'intelligence passive est donc la *matière* de la pensée, et l'intelligence active en est *la forme*.

Toutefois les deux parties du « νοῦς » ont des *caractères communs*. Aristote, disant que le « νοῦς » est séparé, impassible, sans mélange, paraît attribuer ces trois qualités à l'intelligence en général, « χωριστὸς καὶ ἀπαθὴς καὶ ἀμιγής » (2). Avant d'avoir établi aucune distinction dans l'intelligence, Aristote, déterminant ses conditions essentielles, insiste sur la nécessité que le « νοῦς » soit impassible, pour recevoir la forme des objets. L'intelligence, pour connaître les objets, doit être distincte des choses. Elle est pure, sans mélange, autrement elle serait déterminée, et ne pourrait s'appliquer à tout. L'intelligence « n'est en acte aucune des choses du dehors avant de penser (3) ».

Le *but* poursuivi par l'intelligence entière est

---

(1) ψ γ. 5. 430 a, 14.
(2) ψ γ. 5. 430 a, 17.
(3) ψ γ. 4. 429 b, 15-25.

unique, elle vise à éprouver une action de la part de l'objet intelligible (1), à devenir toutes choses (2).

Cependant, quoique Aristote assigne à l'intelligence, en général, cette fin et ces caractères, *il ne précise pas assez* le domaine particulier de chacune des parties de l'intelligence ; néanmoins il est possible d'établir leur nature propre. Si parfois Aristote attribue certaines propriétés au « νοῦς », sans spécifier, l'examen seul de ces caractères indique à quelle partie ils doivent être attribués.

Quelle est, tout d'abord, la nature du « νοῦς » *passif* ?

L'intelligence passive est inférieure ; elle joue le rôle de matière dans l'intelligence (3). Ayant pour objet les choses périssables et corporelles, elle doit exister, à l'état rudimentaire, chez les bêtes ; elle dépend du corps. Elle est périssable. Son exercice est subordonné à l'intelligence active, à laquelle elle est postérieure.

« L'intelligence, dit Aristote, parlant sans doute de l'intellect passif, est en puissance comme les choses mêmes qu'elle pense... », elle est comme un feuillet où rien n'est écrit (4). Ce qui connaît, répète-t-il plus loin, est en puissance la chose connue (5).

La fonction nette et précise de l'intelligence pas-

---

(1) ψ γ. 4. 429 a, 13.
(2) P. 8. 451 b. 22.
(3) γ. 5. 430 o, entier.
(4) γ. 4. 429 b, 30.
(5) γ. 6. 430 b. 24.

sive, de l'intelligence en puissance, capable de tout devenir, ne paraît pas formellement indiquée, on sait sans doute, qu'elle a besoin du concours de l'image et de l'intellect actif, et que, sous l'influence de ce dernier, le général se dégage de la sensation, et se grave en elle. Mais on prévoit, pour ainsi dire, peut-être, plutôt qu'on ne voit clairement, que c'est de l'intelligence inférieure qu'il s'agit, quand Aristote remarque que, si la sensation et l'intelligence sont en puissance, les objets (en tant que sensibles ou intelligibles) ne sont qu'en puissance. Le mécanisme de cette intelligence est bien brièvement ébauché, quand Aristote dit que, la sensibilité et l'intelligence sont en puissance, non l'objet même, mais sa forme. «... L'intelligence est la forme des formes ; et la sensation est la forme des choses sensibles (1). » Néanmoins on comprend que l'intelligence est aux formes sensibles, que reçoit la sensibilité, ce que la sensibilité est aux objets sensibles, dont elle ne reçoit que la forme.

De ces textes, et des inductions qu'on en peut tirer, il résulte que l'intelligence procède à peu près comme la sensibilité : elle *reçoit la forme des objets intelligibles;* mais elle ne devient vraiment intelligence, qu'au moment où l'objet imprimé dans la faculté passive, est pensé activement, elle reste avant, à l'état de pure puissance.

Des caractères principaux, et de la fonction de

---

(1) γ. 8. 432 a, 2. «... ὁ νοῦς εἶδος εἰδῶν καὶ ἡ αἴσθησις εἶδος αἰσθητῶν ».

l'intellect patient que peut-on conclure sur sa *nature profonde et métaphysique ?*

Il semble qu'on ne puisse aboutir qu'à des probabilités, qu'il ne soit possible de formuler qu'une simple hypothèse.

Des liens qui attachent le νοῦς παθητικός à la matière, qui le rendent en quelque sorte dépendant du corps, et périssable comme lui, et des analogies d'action et de fonction de l'intellect passif avec la sensibilité, on paraît naturellement amené à conclure qu'il a *peut-être plus de rapport avec l'imagination,* qu'avec le « νοῦς ποιητικός », activité pure, et toute spirituelle.

On objectera, il est vrai, à cette induction, qu'Aristote attribue plusieurs caractères essentiels, aux deux parties de l'intelligence et qu'il embrasse l'intelligence entière, quand il distingue les facultés intellectuelles des facultés sensibles.

Cette objection, cependant, ne semble pas porter. Quand Aristote paraît déterminer les caractères de l'intelligence en général, quand il dit, par exemple, que l'intelligence est séparée, impassible, sans mélange, il est certaines de ces propriétés, qui *ne semblent guère s'appliquer qu'à l'intellect actif.* Peut-on dire, en effet, que l'intellect passif, qui a tant de rapports avec la sensibilité, en est réellement séparé ? Peut-être que l'auteur du « Traité de l'âme », lorsqu'il parle de l'intelligence, ne désigne pas les deux parties de l'intelligence, en général, mais seulement l'intelligence pure, l'intelligence supérieure. Peut-être n'a-t-il en vue, ce qu'il appelle d'ordinaire τὸ παθητικόν, que, quand il rapproche l'intelligence de la sensibilité, ou qu'il isole d'elle, pour lui donner une place à part, le νοῦς ποιητικός des Ethiques, désigné par une formule équivalente, par l'expression τὸ ποιητικόν (1), dans le Traité de l'âme (2).

D'ailleurs le mot propre de νοῦς παθητικός n'est employé qu'une seule fois par Aristote (3); il le désigne plutôt, par la périphrase νοῦς τῷ πάντα γίνεσθαι (4), le νοῦς capable de devenir toutes choses ; or, cette *formule peut s'appliquer à l'âme sensitive*, en tant qu'elle fournit à l'intellect actif sa matière.

Et puis, l'intelligence passive, susceptible d'être toutes choses, n'est-elle pas *trop indéterminée* pour être, comme le crûrent certains Scolastiques, une faculté réelle, distincte ?

La *même faculté*, semble-t-il, doit être *toutes les formes* en puissance, sensibles et intelligibles. Ces formes intelligibles sont virtuellement contenues dans les formes sensibles ou imaginations ; la faculté représentant les intelligibles en puissance, ne doit-elle pas être la même que celle, qui est le lieu des formes, ou, toutes choses en puissance.

Malgré les textes, qui paraissent distinguer sans beaucoup de netteté d'ailleurs, l'intellect passif, de la sensibilité, il ne paraît donc pas rationnellement impossible que le νοῦς παθητικός ne soit, au fond, que *l'imagination, fournissant à l'intelligence ses maté-*

---

(1) ψ γ. 5, 430 a, 12.
(2) Chaignet, Essai sur la Psychologie d'Aristote, p. 487.
(3) ψ γ. 6, 430 a, 24.
(4 ψ γ. 5, 430 a, 14.

riaux (1). Sa fonction d'intermédiaire ne serait ni moins bien remplie, ni plus difficile à concevoir. D'autre part, on maintiendrait ainsi *l'intégrité* du νοῦς, peut-être plus facilement dans toute sa pureté. La question semblerait, en somme, simplifiée.

Le νοῦς se *réduirait donc à la seule intelligence active*. Absolument indépendant du corps, ne recevant aucune impression de l'extérieur, l'intellect actif réunit en lui les caractères généraux de séparabilité, d'impassibilité et de pureté, infiniment mieux, que ne peut le faire le νοῦς παθητικός, table rase, périssable, intermédiaire (par suite faculté quelque peu *mixte*), entre la sensation, l'imagination ou la mémoire, et la pensée spirituelle. Mais, outre ces propriétés communes (d'après le texte même d'Aristote), entre les deux parties du νοῦς, l'intellect actif a quelques *caractères propres*, qui constituent sa nature essentielle.

Le νοῦς ποιητικός est *cause*; il est *antérieur et supérieur* à l'intelligence passive ; il est seul *immortel*, enfin il est *infaillible* dans la connaissance des essences.

L'intellect agent est *cause* (2). C'est une forme, qui fait tout, et peut tout faire. C'est une virtualité (3), une sorte de force qui fait passer la matière, l'objet de la puissance à l'acte. Cette propriété sera

---

(1) Trendelenbourg (De anima, 405, Berlin, 1877) ne considère pas l'intelligence passive comme essentiellement distincte de l'imagination.

(2) ψ γ. 5, 430 a, 12. « τὸ αἴτιον καὶ ποιητικόν, τῷ ποιεῖν πάντα. »

(3) ψ γ. 5, 430 a. 15 «... τῷ πάντα ποιεῖν ὡς ἕξις τις.. »

pleinement mise en lumière, par l'examen des fonctions du νοῦς ποιητικός.

Le νοῦς actif est *antérieur* à l'intelligence passive : la puissance passe à l'acte, par une cause en acte (1). La science en puissance n'est antérieure à la connaissance en acte, qu'au point de vue propre de l'individu. Ce qui est en puissance, n'est pas antérieur absolument, car « tout ce qui se produit vient toujours d'un être qui existe en toute réalité, en entéléchie (2) ». Le plus, est antérieur au moins, et la cause l'est à l'effet. Aristote démontre longuement, dans sa métaphysique, la priorité de l'acte sur la puissance. C'est le problème même de la causalité (3).

L'intellect actif est, par suite, *supérieur* à l'intelligence passive, dont il est le principe: ἀεὶ γὰρ τιμιώτερον τὸ ποιοῦν τοῦ πάσχοντος καὶ ἡ ἀρχὴ τῆς ὕλης (4).

Il pense toujours, et seul il est *indestructible*. L'intellect agent « semble être dans l'âme comme une sorte de substance, et ne pas pouvoir être détruit (5) ».

Enfin l'intelligence est *infaillible*, par nature, tant qu'elle s'applique aux indivisibles. L'erreur provient des combinaisons de pensée (6) dans l'étendue ou

---

(1) ψ γ. 5. 430 a, 20.
(2) ψ 7. 431 a.
(3) ψ Métaphysique, l. IX, ch. VIII, ch. IX ; et L. XII, ch. VI ; X ; II ; III.
(4) ψ γ. 5, 430 a, 18.
(5) ψ l. a., IV, § 13.
(6) ψ γ. 6. 430 a, 26.

dans le temps. L'intelligence est toujours vraie, quand elle juge l'essence, τὸ τί ἦν εἶναι, et ne se livre pas à des combinaisons, τὶ κατά τινος (1). On voit toujours la vérité des choses immatérielles.

L'examen des *fonctions* du νοῦς ποιητικός achèvera de déterminer sa nature. — Le νοῦς a pour fin la connaissance, la contemplation de la vérité. Si, pour se rendre compte du mécanisme de l'intellect agent, on le considère en présence d'un objet à connaître, on pourra observer, en quelque sorte, deux moments dans son action, deux stades dans son évolution. Le νοῦς actif sera d'abord *cause du mouvement de l'intellect passif*; il pourra ensuite *saisir l'essence* de l'objet, *dans un acte d'intuition*.

Il y aura donc deux passages successifs de la puissance à l'acte. L'intellect agent imprimera dans l'intelligence passive les formes intelligibles cachées dans les sensations et les images, en attirant à elle ces impressions sensibles, et en les pressant, pour ainsi dire, sur elle. L'intelligence passive sera ainsi informée, actuée. Mais les formes, qu'elle renferme, ne sont encore que des intelligibles, elles sont seulement susceptibles d'être connues ; pour qu'elles deviennent réellement objets de connaissance, l'intelligence devra mettre à la lumière ces richesses enfouies. Dirigeant sur les formes intelligibles son activité spontanée, l'intellect aura alors à la fois l'intuition de leur essence et celle de sa propre pensée.

---

(1) ψ 7. 6. 430 b. 28.

Le νους ποιητικός est, tout d'abord, *condition d'exercice de l'intelligence passive* (1). Grâce à lui l'intelligence devient les choses qu'elle pense (2) : ἕκαστα γίνηται. L'intelligence passive passe à l'acte, les formes intelligibles, en puissance dans la sensation, dans l'image, étant dégagées de la matière et gravées en elle. Des caractères immatériels se tracent dans l'âme spirituelle, table rase, capacité passive, ainsi informée par l'intellect actif. L'intelligence passive éprouve alors l'action de l'objet intelligible, Πάσχειν τι ἂν εἴη ὑπὸ τοῦ νοητοῦ (3) ; elle devient l'objet pensé (4). Elle est sa forme. L'intelligence est, en quelque sorte, tout ce qu'elle sait (5). La science en acte est identique à son objet, τὸ δ'αὐτό ἐστιν ἡ κατ'ἐνέργειαν ἐπιστήμη τῷ πράγματι (6). Il y a assimilation parfaite.

Tel est, le premier passage de la puissance pure, à l'acte. L'intelligence, est devenue les choses qu'elle pense ; en tant que puissance réceptive elle est en acte. Néanmoins, dit Aristote, elle est encore en puissance, ὅταν δ'οὕτως ἕκαστα γίνηται...... ἔστι μὲν καὶ τότε δυνάμει πως, οὐ μὴν ὁμοίως.. (7) La forme sensible, en effet, est devenue intelligible dans l'intellect passif, et celui-ci est en acte, par rapport à l'état où il se

---

(1) ψ γ. 5. 430 a. 25.
(2) ψ γ. 4. 429 b. 6.
(3) ↑ γ. 4. 429 a. 14.
(4) ψ γ. 7. 431 b. 16.
(5) ψ γ. 8. 431 b. 21.
(6) ψ γ. 7. 431 a. 1.
(7) ψ γ. 4. 429 b. 6.

CHAPITRE II

trouvait, avant d'avoir reçu l'impulsion du νοῦς supérieur, il est en acte, parce qu'il est devenu objet intelligible, mais il est de nouveau en puissance, parceque l'intellect agent agira encore pour saisir l'essence de cette forme intelligible, et son rapport avec le sujet qui la pense.

Après avoir informé la puissance de connaître, en y gravant les formes intelligibles, le νοῦς causal, produit une *seconde action*, qui, seule, lui donne la science parfaite. En prenant conscience de l'objet gravé dans sa faculté réceptive, l'intelligence naturellement, *isole*, *néglige l'élément particulier contingent, relatif, purement accidentel et matériel*. Tandis que la sensation ne s'applique qu'aux choses particulières, l'intelligence a pour objet l'universel, qui est dans l'âme ; et elle peut le penser spontanément, ...ἡ δ'ἐπιστήμη τῶν καθόλου.ταῦτα δ'ἐν αὐτῇ πώς ἐστι τῇ ψυχῇ, διὸ νοῆσαι μὲν ἐπ'αὐτῷ, ὁπόταν βούληται... (1)

L'acte seul de la pensée suffit pour *abstraire* (2). L'intelligence pense les choses abstraites, comme si elles étaient séparées des corps. Ainsi l'idée particulière de camus n'est pas séparée de celle de nez ; le camus ne s'applique qu'au nez. Mais l'intellect actif, négligeant la chair, se représentera une forme courbe, indépendamment de la matière.

L'intellect actif connaît véritablement et directement. Il a *l'intuition de l'abstrait*, de l'universel, des premiers principes (« οὕτω τὰ μαθηματικὰ οὐ κεχωρισμένα

---

(1) ψ β. 5. 417 b. 23.
(2) ψ γ. 7. 431 b. 12.

ὡς κεχωρισμένα νοεῖ, ὅταν νοῇ ἐκεῖνα. ») (1). L'objet propre de l'intelligence est l'abstrait (2). Les objets apparaissent, en général, à l'entendement, comme séparés de la matière : « καὶ ὅλως ἄρα ὡς χωριστὰ τὰ πράγματα τῆς ὕλης, οὕτω καὶ τὰ περὶ τὸν νοῦν. »

L'intelligence a la *connaissance effective de l'essence*, qui est à l'état de puissance dans la forme intelligible de l'intellect passif. L'objet est divisible dans sa quantité, mais son espèce, sa forme est une, car dans l'objet pensé, dans le temps, quelque chose d'indivisible, l'espèce, la continuité, donne l'unité. L'âme pense, dans un temps indivisible, par une partie indivisible de l'âme, l'indivisible en espèce (3).

Dans l'intuition de l'abstrait, *l'entendement* ne saisit pas seulement une forme essentielle, universelle, spirituelle, indivisible, *il se saisit lui-même*. L'intelligence, se demande Aristote, est-elle intelligible (4)? Ou bien, l'intelligence se pense par elle seule ou elle se pense par quelque autre chose. L'intelligence, quand elle pense à des objets intelligibles, s'y retrouve entière et ils deviennent intelligents; ou bien, elle a quelque chose de mélangé, qui la rend intelligible, comme les autres choses : elle possède alors deux parties, l'une intelligente, l'autre intelligible.

Mais, pour les choses immatérielles, le sujet et

---

(1) ψ γ. 7, 431 b, 15.
(2) ψ γ. 4, 429 b, 21.
(3) ψ γ. 6, 430 l, 14.
(4) ψ γ. 4, 429 b, 26.

l'objet se confondent : « ἐπὶ μὲν γὰρ τῶν ἄνευ ὕλης τὸ αὐτό ἐστι τὸ νοοῦν καὶ τὸ νοούμενον, ἡ γὰρ ἐπιστήμη ἡ θεωρητικὴ καὶ τὸ οὕτως ἐπιστητὸν τὸ αὐτό ἐστιν » (1).

Quand l'intelligence est devenue les choses mêmes qu'elle pense, alors elle peut se penser elle-même (2). Cependant elle peut se penser, même en l'absence de tout autre objet qu'elle (3).

Toute l'activité du « νοῦς » supérieur, soit qu'il mette en exercice l'intellect patient, soit qu'il embrasse, dans une intuition spontanée, l'objet abstrait de la pensée et la pensée même, aboutit toujours à une connaissance. Et cette *connaissance* est essentiellement *théorétique*. L'intelligence spéculative ne pense pas ce qui est à faire : « ὁ μὲν γὰρ θεωρητικὸς οὐθὲν νοεῖ πρακτόν » (4). L'être ne se meut pas par l'ordre de l'intelligence, mais par sa passion (5). L'entendement a pour objet la vérité nécessaire, immuable, absolue (6) et universelle. «.. La science et l'entendement sont éternellement vrais (7). » Ils tendent et aboutissent à la spéculation.

L'intellect actif a plusieurs degrés; la raison théorétique comprend *diverses facultés*, auxquelles correspondent les vertus dianoétiques. Ces facultés sont des moyens d'atteindre la vérité.

---

(1) ψ γ. 4, 430 a, 3.
(2) ψ γ. 4, 429 b, 9.
(3) ψ γ. 6, 330 b, 25.
(4) ψ γ. 9, 432 b, 26-27.
(5) ψ γ. 9, 433 a.
(6) ψ γ. 7, 431 b, 12.
(7) Derniers Analytiques, L. II, ch. 19; § 8.

Parmi ces facultés, il en est trois principales qui ne sont jamais susceptibles d'erreur : *la science, l'entendement* et *la sagesse.*

« *La science* est la conception des choses universelles, et des choses dont l'existence est nécessaire (1). » « Elle s'applique à ce qui peut être su ; et ce domaine s'étend aussi loin que la *démonstration et le raisonnement* (2). » Elle déduit des vérités particulières, elle est accompagnée de raisonnement.

L'entendement seul « s'applique *aux principes* et les comprend (3) ». «... Comme il n'y a pas d'es-
« pèce de connaissance autre que l'entendement,
« qui soit plus exacte que la science ; comme en
« outre les principes sont plus évidents que les
« démonstrations, et que toute science est accom-
« pagnée de raisonnement, il s'ensuit que la
« science ne peut s'appliquer aux principes ; mais
« comme il n'y a que l'entendement qui puisse
« être plus vrai que la science, c'est l'entendement
« qui s'applique aux principes (4). » On retrouve exactement la même pensée dans la Grande Morale :
« Quant à l'intelligence, elle s'applique aux prin-
« cipes des choses intelligibles et des êtres. La
« science ne se rapporte qu'aux choses, qui ad-
« mettent la démonstration ; mais les *principes sont*
« *indémontrables*, de telle sorte que la science ne

---

(1) Morale à Nicomaque, l. VI, ch. 5 ; § 1.
(2) Grande Morale, l. I, ch. 32 ; § 8.
(3) Morale à Nicomaque, l. VI, ch. 5 ; 2.
(4) Derniers Analytiques, l. II, ch. 19 ; § 8.

« s'applique pas aux principes, et que c'est l'in-
« telligence seule ou l'entendement qui s'y ap-
« plique (1). » Le « νοῦς » proprement dit, a donc
l'*intuition des principes, des indivisibles.*

La sagesse, enfin, est la synthèse de la science et de l'entendement. Elle est « un composé de la science et de l'entendement ; car la sagesse est en rapport tout à la fois et avec les principes, et avec les démonstrations, qui sortent des principes et sont l'objet propre de la science. En tant que la sagesse touche aux principes, elle participe de l'entendement, et, en tant qu'elle touche aux choses qui sont la démonstration, comme conséquences des principes, elle participe de la science (2) ». « Composé de l'intelligence et de la science, *la sagesse est,* on peut dire, *la science des choses les plus relevées*, tenant la tête de toutes les autres sciences (3). »

Par la science, par l'entendement, par la sagesse, l'homme atteint la contemplation de la vérité, qui est le repos parfait et absolu, le souverain bien, la vie divine.

---

(1) La Grande Morale, L. I, ch. 32 ; § 13.
(2) Grande Morale, L. I, ch. 32 ; § 14.
(3) Morale à Nicomaque, l. VI, ch. V ; 5.

CHAPITRE III

LE νοῦς PRINCIPE D'ACTION ET FACULTÉ PRATIQUE.

Mais avant d'obtenir la science parfaite, souvent, il est besoin de délibérer; avant de se reposer dans la contemplation de la vérité, l'homme est forcé d'agir. Aussi le νοῦς n'est-il pas seulement science, entendement ou sagesse. La raison n'est pas purement théorétique.

« La partie de l'âme, dit Aristote, qui est douée de la raison, se divise en deux autres parts, qui sont la volonté et l'entendement, qui est capable de science (1). » La volonté, objet de vertus morales, est capable d'obéir à la raison. Cependant, *elle s'en distingue* et ne rentre pas véritablement dans le domaine du νοῦς. *Mais la raison elle-même se divise en raison pratique et raison spéculative :* ὁ μὲν γὰρ πρακτικός ἐστι λόγος ὁ δὲ θεωρητικός (2). « Il a été démontré, écrit Aristote dans la Morale à Nicomaque (3), que l'âme avait deux parties, l'une douée de raison, et

---

(1) Grande Morale, L. I, Ch. 32 ; 3.
(2) Politique, L. IV, ch. 13 ; § 6.
(3) L. VI, ch. I, § 5.

l'autre irraisonnable. Divisons maintenant, d'une manière analogue, la partie qui est douée de raison ; et supposons que de ces deux parties, qui sont également raisonnables, *l'une* nous fait connaître parmi les choses, celles dont les *principes ne peuvent jamais être autrement* qu'ils ne sont, et *l'autre* les choses dont l'existence est *contingente et variable.*

« Il est tout naturel, en effet, que pour les choses dont le genre est différent, il y ait aussi en rapport avec elles une partie de l'âme génériquement différente, puisque la connaissance de ces choses se produit dans chacune des parties de l'âme, par une sorte de ressemblance et d'affinité. De ces deux parties de l'âme, appelons l'une la partie *scientifique*, et l'autre, la partie *raisonnante et calculatrice* (1). »

Aristote distingue clairement l'entendement, la faculté de connaître absolue, l'intelligence purement contemplative et théorique, qui n'est ni pratique ni active, pour qui le bien et le mal, c'est le vrai et le faux....., il distingue nettement cette intelligence, de la *raison délibérative, pratique, logistique* δοξαστικόν, βουλευτικόν, λογιστικόν (2) : l'opinion, le conseil, le raisonnement, portent sur le *contingent* et sur le *particulier*, et ils sont *susceptibles d'erreur* (3).

Le νοῦς πρακτικὸς a une *double fonction.* Il est *principe de mouvement et d'action,* et d'autre part, il *calcule, il choisit.*

---

(1) L. VI, ch. I, § 6.
(2) ψ γ. II ; 434 a, 7...
(3) Der. Analytiq., l. II, ch. 19, § 8.

« Ce qui meut réellement, c'est cette intelligence qui a en vue quelque but particulier et qui se fait pratique (1). » Et « c'est la conception particulière qui meut, ce n'est pas la conception universelle (2) ». La pensée qu'une chose est agréable ou pénible, provoque l'action (3). Cependant l'intelligence n'est pas le principe de la locomotion chez l'animal (4). L'intelligence pratique « qui calcule en vue de quelque but », νους δὲ ὁ ἕνεκά του λογιζόμενος καὶ ὁ πρακτικός et « diffère de l'intelligence spéculative par la fin qu'elle se propose », n'est qu'en apparence cause de la locomotion. « La chose, dont il y a appétit, devient le principe de l'intelligence pratique : le but final est le principe de l'action (5). » L'objet de l'appétit seul détermine le mouvement. L'intelligence, en effet, ne produit pas le mouvement, sans l'appétit, sans la volonté. L'appétit, d'autre part, meut souvent malgré le raisonnement. Dans les cas de conflit entre l'appétit et la raison qui, considérant l'avenir (6), commande la résistance, l'appétit peut l'emporter. Mais l'objet poursuivi, conçu par l'intelligence ou l'imagination, est le premier des moteurs.

Néanmoins, si le mouvement n'est que la cause apparente de la locomotion chez l'animal, la raison

---

(1) Morale à Nicomaque, l. VI., ch. 1, § 10.
(2) ψ γ. 11, 434 a; 15.
(3) ψ γ. 7; 431 b, 8.
(4) ψ γ. 9; 433 a, 8.
(5) ψ γ. 10; 433 a, 14.
(6) ψ γ. 10; 433 b, 7.

pratique n'en est pas moins *la source d'une certaine activité*. Elle *applique les idées théoriques du νοῦς supérieur*. Cette fonction, d'après M. Boutroux (1), rentre dans les attributions pratiques du νοῦς παθητικός. La raison pratique ne serait donc, selon lui, que l'intellect passif. Il ne semble pas qu'Aristote s'exprime très nettement à ce sujet. Quoi qu'il en soit, l'intellect passif est à la fois *principe d'action* et *de production*.

Aristote distingue dans l'activité humaine la production et la simple action. Dans la *production*, ποίησις « il y a toujours quelque autre résultat final, outre le fait même de la production ». « *L'art* s'applique à la production...; l'usage de l'art consiste bien plus dans les choses qu'on produit que dans celles où l'on agit simplement (2). »

A propos de la simple *action*, πρᾶξις, Aristote écrit : « la prudence s'applique à l'action et aux choses de pure action, sans résultat ultérieur... »

L'action est le but de l'agent ; c'est l'activité naturelle de la raison pratique.

La production est le résultat de la raison poétique, qui a pour fin une œuvre différente de l'activité productrice.

Mais la raison pratique n'est pas seulement principe d'action, elle est encore une *faculté délibérative* : elle calcule, elle choisit. Elle raisonne sur le contingent (γ. 7, 431 b, 10) dans le domaine de l'opinion. La raison pratique, ainsi envisagée, a deux facultés,

---

(1) Etudes d'Histoire de la philosophie, Kant.
(2) Grande Morale, L. I, ch. 32, § 9 ; § 10.

deux vertus : la prudence et la conjecture. Ces deux facultés complètent la liste (1) des vertus intellectuelles, mentionnées par Aristote, dont trois sont des vertus de l'intelligence théorique, la science, l'entendement et la sagesse.

« L'objet principal de la prudence c'est, à ce qu'il semble, de *bien délibérer*... (2).

« *La prudence* ne se borne pas seulement à savoir les formules générales ; il faut aussi qu'elle sache toutes les solutions particulières ; car elle est pratique, elle agit ; et l'action s'applique nécessairement à des choses de détail (3). »

« La prudence n'est pas la science ; elle ne concerne que le terme inférieur et dernier de l'échelle (4). » « La prudence n'est pas moins opposée à l'entendement ; car l'entendement s'applique aux limites, aux termes où il n'y a plus de place pour le raisonnement, tandis que la prudence s'applique au *terme inférieur* pour lequel il y a, non pas science, mais simplement sensation. » La sagesse et la prudence sont, « ...les vertus spéciales d'une partie différente de l'âme », mais la prudence est inférieure à la sagesse. La prudence est *l'application de la droite raison*. En somme, « la prudence est la faculté qui *choisit* volontairement et qui agit dans les choses où il dépend de nous d'agir ou de ne pas agir, et qui toutes en général n'ont que *l'utile* pour objet (5) ».

---

(1) Grande Morale, L. I, ch. 32, § 7.
(2) Morale à Nicomaque, l. VI, ch. v, § 9.
(3) Morale à Nicomaque, l. VI, ch. v, § 10.
(4) Morale à Nicomaque, l. VI, ch. vi, § 7.
(5) Grande Morale, L. I, ch. 32, § 11.

La prudence s'applique aux choses sur lesquelles il peut y avoir *doute et délibération* (1). La délibération consiste à pouvoir faire telle chose ou telle autre chose (2).

L'opinion, la conjecture, consistent aussi dans un jugement particulier. « La conjecture est la faculté par laquelle nous cherchons, dans tous les cas où les choses présentent une double face, à démêler si elles sont ou ne sont pas de telle ou telle façon (3 ».

Telle est, dans ses grandes lignes, l'âme raisonnable considérée au point de vue de son action pratique, envisagée comme faculté délibérative, logistique, source d'action, principe de production, ou jugement pratique, engendrant l'opinion et la qualité de prudence, elle est toujours susceptible d'erreur. Tandis que la *puissance scientifique* de la raison a toujours pour objet le nécessaire, l'universel, l'absolu, l'éternel, *l'intelligence délibérative* porte sur le contingent, le particulier, le relatif, le futur. La raison théorétique s'élève, par la démonstration scientifique et par l'intuition intellectuelle, à la sagesse, à la contemplation divine de la vérité pure. Plus modeste dans ses moyens et dans son but, la raison pratique délibère entre des cas particuliers et formule, avec prudence, des opinions relatives ; ou bien, principe d'action, tantôt elle agit simplement dans un but utilitaire, tantôt elle pro-

---

(1) Morale à Nicomaque, l. VI, ch. 8, § 1.
(2) Grande Morale, l. I, ch. 17, § 1.
(3) Grande Morale, l. I, ch. 32, § 15.

duit, elle fait œuvre d'art ; elle est alors, selon les cas, raison pratique ou raison poétique.

La connaissance du rôle du νους et de ses lois, de ses caractères et de ses fonctions, de sa nature et de ses facultés, de ses diverses parties enfin, sera peut-être de quelque secours pour résoudre une dernière question. Quelle est *l'origine* et qu'elle est la *destinée* du νους ?

Le νους n'est pas le résultat d'une évolution. Il n'y a pas non plus de génération pour les qualités de l'intelligence (1). — D'autre part, «... l'intelligence, bien qu'elle soit naturelle, ne se manifeste pas sur le champ. C'est surtout dans la vieillesse qu'elle est complète ; à ce moment elle agit plus puissamment que jamais... (2) ». «... La formation de la partie irrationnelle est antérieure à celle de la partie raisonnable (3). » — Susceptible de développement, et non spontanée, l'intelligence de l'homme vient du dehors ; elle est « quelque chose de divin (4) » ; «... Ce divin principe est au-dessus du composé auquel il est joint... »

La *destinée* du νους semble pouvoir se déduire de l'ensemble de cette esquisse de la raison. De l'importance même qu'il présente au sommet de l'âme humaine, où il reste indépendant de la matière, impassible, sans mélange, occupant à l'égard de la nutrition, de la sensibilité, de la locomotion une

---

(1) Physique, l. VII, ch. IV, 12.
(2) Les Problèmes. Section XXX, § 5.
(3) Politique, l. IV, ch. 13, § 22.
(4) Morale à Nicomaque. L. X, ch. VII ; 8.

place à part, de sa nature métaphysique et de ses fonctions, il résulte, semble-t-il, que le νους doive aussi avoir une *destinée exceptionnelle*. — Cependant la grande distinction entre l'intellect patient et l'intellect agent réapparait. Le νους παθητικός, qui n'est pas absolument indépendant du corps, et qui n'est peut-être que l'imagination, fournissant à l'intelligence sa matière, est périssable. Seul le νους ποιητικός, le νους θεωρητικός, la raison supérieure, infaillible et causalité consciente, le moteur de l'intelligence passive, le principe intuitif qui saisit l'abstrait, seule *l'intelligence spéculative*, dont la fin est de tendre à la contemplation, possède une *destinée immortelle*. C'est de l'intellect actif qu'Aristote a dit «... l'intelligence semble être un autre genre d'âme, et le seul qui puisse être isolé du reste, comme l'éternel s'isole du périssable (1) ». Et, encore, «... on peut croire que l'âme est quelque chose de permanent, si ce n'est l'âme tout entière, du moins cette partie de l'âme, qui est l'entendement (2) ».

L'immortalité est-elle personnelle? Aristote, dans son « Traité de l'âme » refuse la mémoire à l'intellect actif, qui, impassible n'a pu recevoir d'impressions (3). Mais dans la « Morale à Nicomaque », la *personnalité de l'âme* est formellement proclamée : « on peut bien croire, y est-il écrit, que les
« morts éprouvent encore quelque impression des
« prospérités et des revers de leurs amis, sans que,

---

(1) Traité de l'âme, l. II, ch. 2 ; 413 b ; 25...
(2) Méthaphysique, l. XII, ch. III, § 7.
(3) ψ 7. V ; 430 a, 24.

« cependant, cette influence puisse aller jusqu'à les
« rendre malheureux, s'ils sont heureux, ni exercer
« sur leur destinée aucun changement de ce
« genre (1). »

L'impression d'ensemble, qui se dégage de la doctrine du νους, chez Aristote, est un sentiment de respect pour la grandeur de la raison humaine ; on est pénétré de toute son importance. L'intelligence est autonome dans la philosophie d'Aristote, elle y règne en souveraine, étendant sa haute domination sur la politique et la morale, sur la métaphysique et la psychologie, où partout elle est le principe suprême, la cause formelle, la cause efficiente et la cause finale. Il semble que la philosophie d'Aristote aboutirait facilement à une sorte de mysticisme intellectuel. Elle abaisse, peut-être un peu, au profit de la raison, la sensibilité et le cœur. Dans l'âme, en effet, la partie qui est seulement capable d'obéir à la raison, celle qui engendre les vertus morales, la sensibilité est absolument inférieure. La partie raisonnable, au contraire, le νους, l'intelligence est la plus excellente ; elle est divine. — Mais, si l'on fait abstraction des tendances exagérées, que pourrait développer l'intellectualisme d'Aristote, s'il cessait d'être tempéré, comme il l'était chez le disciple de Platon, par une continuelle observation des faits, on peut répéter avec M. Denis (2) : « l'explication de la raison par Aristote est la plus simple, qui ait jamais paru en philo-

---

(1) Morale à Nicomaque, L. I, ch. 9 ; 6.
(2) Rationalisme d'Aristote.

sophie, et peut-être par cela même la plus profonde.
D'autres ont eu recours à des suppositions assez
éloignées des faits, Aristote s'en est presque tenu
aux faits seuls, tant sa supposition en sort nécessairement. Tel est le mérite de la théorie du νοῦς dans
Aristote : exacte, quoique incomplète, dans l'analyse
des faits, elle est à la fois si simple qu'à peine elle
se distinge des phénomènes dont elle rend compte ;
si profonde qu'elle s'étend même à tous ceux
qu'ignorait Aristote ; si vraie et si conforme à la
réalité, qu'aujourd'hui même il serait peut-être
nécessaire de la ressusciter en la développant par
les analyses et les observations modernes, si nous
ne voulons nous perdre dans ces abstractions alle-
mandes, qui ne laissent plus subsister dans les
esprits le sentiment de la vie, et de l'unité de notre
raison ! »

DEUXIÈME PARTIE

DU RÔLE ET DE LA NATURE DE L'INTELLIGENCE
DANS LA PHILOSOPHIE DE SAINT THOMAS.

CHAPITRE PREMIER

LES ANALOGIES AVEC LA THÉORIE D'ARISTOTE.

§ I. — Après avoir essayé de traduire et d'exposer brièvement la théorie d'Aristote, il ne serait peut-être pas sans quelque intérêt de rechercher ce qu'est devenue, après dix-sept siècles, cette théorie, reprise par l'un des premiers génies philosophiques du Moyen-Age, par St Thomas. Dans les préoccupations du moine chrétien, en effet, comme dans celles du savant Macédonien, le grand problème de l'intelligence a tenu l'une des premières places. A son tour, St Thomas a soulevé de nouveau les questions posées, ou entrevues par son illustre maître ; mais dans ce difficile labeur est-il resté disciple soumis et docile, ou, au contraire, est-il devenu maître lui aussi ?

Le philosophe chrétien n'a-t-il fait que répéter le philosophe païen ; l'a-t-il simplement traduit et commenté, reproduit et développé ? Thomas n'est-il même peut-être arrivé qu'à appauvrir, à dessécher Aristote, en l'enfermant dans le lourd appareil syllogistique ? (1). Ou, au contraire, St Thomas n'a-t-il pas éclairé et précisé la théorie d'Aristote ; ne l'a-t-il pas complétée et étendue, y laissant le cachet personnel de son génie ? La théorie de St Thomas d'Aquin marque-t-elle un progrès dans l'évolution de la psychologie de l'intelligence ?

Thomas d'Aquin chercha tout d'abord à établir la pensée d'Aristote, avec un souci moderne d'exactitude historique, et de critique textuelle. Il avait entrepris l'œuvre d'une interprétation critique d'Aristote, aussi en fit-il exécuter des versions nouvelles, ayant recours aux connaissances d'helléniste du dominicain flamand Guillaume de Mœrbeke, qui était incorporé à la province de Grèce. Thomas apparaît comme le créateur de l'exégèse littérale au xiiie siècle.

Et St Thomas n'avait pas seulement, pour bien comprendre Aristote, la qualité maîtresse du critique, la passion de la vérité, il possédait toute la largeur d'esprit du philosophe. Il savait se détacher hardiment des préjugés de son milieu, et de son temps. Il n'avait pas craint de rompre, dans la

---

(1) JANET et SÉAILLES. — *Histoire de la philosophie*, p. 129.

mesure où il le jugeait nécessaire, avec la doctrine traditionnelle et officielle de l'époque, avec les théories platoniciennes des Augustiniens. L'Augustinisme ne mettait pas de distinction formelle entre la théologie et la philosophie, Thomas sépare nettement ces deux sciences : la théologie relève de la révélation, et la philosophie de la raison. Si une vérité appartient au domaine de la raison, et à celui de la foi, elle est du ressort des deux sciences, mais chacune d'elles la traite à son point de vue : la philosophie comme une vérité rationnelle, la théologie comme une vérité révélée. La science sacrée occupe la première place, mais elle laisse aux sciences humaines leur rôle. La théologie et la philosophie, ont chacune leur autonomie, leurs principes, leur méthode, leur sphère d'action.

St Thomas s'était affranchi d'autant plus facilement des préjugés Augustiniens, que, toutes ses sympathies intellectuelles l'inclinaient plutôt vers Aristote. La méthode du philosophe chrétien offre les mêmes qualités que celle d'Aristote ; comme lui il laissera une psychologie technique, dont le principal mérite littéraire consistera dans l'ordre, la précision. La forme déductive, les raisonnements brefs, nerveux, donneront avant tout, au latin, comme au grec, la concision et la sobriété.

La profonde estime de St Thomas pour Aristote atteint jusqu'au respect et presque à la vénération ; l'œuvre du stagirite lui apparaît comme la synthèse de la science, comme le symbole de l'autorité philosophique. Thomas d'Aquin tend à identifier Aristote avec la raison ; il invoque, en général, tour à tour le double témoignage du philosophe grec et de la raison, mais une telle distinction paraît presque verbale : Aristote est la raison écrite, la raison exprimée et formulée.

Thomas d'Aquin put, et dut donc connaître et comprendre la philosophie péripatéticienne, en général, et étudier, dans cette vaste synthèse, tout particulièrement le problème de l'intelligence ; en effet, cette question y a, par elle-même, un rôle et une portée de première importance, et cette place était encore plus considérable au Moyen-Age, alors que la psychologie de l'intelligence fut l'un des points de la philosophie les plus débattus, et cela, à cause des conséquences pratiques qu'on en tirait. « Aucun point important des doctrines d'Aristote, a écrit le P. Mandonnet, n'a peut-être soulevé des polémiques si nombreuses, et si durables que la question de savoir qu'elle avait été sa véritable pensée touchant la nature de l'intellect... (1). »

Mais Thomas n'a-t-il donné qu'un simple commentaire de la psychologie d'Aristote ?

Il ne pouvait, semble-t-il, rester traducteur : un rôle secondaire et aussi modeste n'eût pas pleinement satisfait un génie philosophique d'une si haute portée. Et puis, Thomas est théologien, il a des certitudes absolues sur une foule de questions à peine soulevées, et peut-être seulement entrevues par Aristote.

Thomas d'Aquin d'ailleurs ne voulut pas se rési-

---

(1) P. Mandonnet. — *Siger de Brabant*, p. 184.

gner au rôle de simple historien de la philosophie.

A travers l'exposition toujours pleine de calme, et d'une sérénité si parfaite du saint religieux, il est peut-être difficile de voir une œuvre de polémique. Et, cependant, il lutte pour sa foi. Thomas cherche souvent plus à formuler une théorie anti-averroïste de l'intelligence, qu'à exposer la doctrine d'Aristote. Averroès était le symbole de l'incrédulité au Moyen-Age, « et de toutes les théories averroïstes, la conception d'une âme intellectuelle unique pour l'humanité entière a été celle qui suscita le plus de résistance et de scandale au Moyen-Age.. (1) ». La thèse de l'intelligence, puissance entièrement séparée de l'âme et une dans tous les hommes avait pénétré les milieux populaires, supprimant le mérite personnel, et affranchissant de toutes les obligations morales. La légende rapporte l'exemple d'un homme d'armes qui déclarait ne pas vouloir expier ses fautes : « si l'âme du bienheureux Pierre est sauvée, disait-il, je le serai pareillement ; ayant la même intelligence, nous aurons la même destinée ». Imbus de cette erreur, les étudiants ès-arts la propageaient par leurs sophismes. Aussi comprend-t-on que le frère Thomas ait pris à tâche de corriger les erreurs des commentateurs arabes, et de montrer qu'ils avaient mal compris Aristote.

Thomas d'Aquin cherche la vérité philosophique plus encore que la vérité historique.

Le philosophe n'accepte pas Aristote à la lettre ;

---

(1) P. MANDONNET, p. 184.

il ne le pouvait pas. En présence d'une théorie erronée, il n'hésite pas à l'abandonner. Albert le Grand et Thomas, malgré leur respect pour Aristote, « agitent et résolvent les problèmes pour leur compte personnel, et leur donnent la solution que la vérité comporte à leurs yeux (1) ». Thomas emprunte à Aristote ce qu'il estime le meilleur.

Par ce choix, par ce discernement même, Thomas d'Aquin se distingue nettement des averroïstes, interprètes rigoristes d'Aristote.

«... On est en droit de déclarer, a écrit le Père Mandonnet (2), que l'averroïsme au xiii° siècle, n'est pas autre chose que l'héritage intégral d'Aristote commenté par Averroès, et accepté tel quel par quelques philosophes latins... » Et l'éminent religieux avoue « que, dans leurs grandes lignes, les doctrines d'Averroès sont contenues soit explicitement, soit implicitement, dans celles d'Aristote ».

L'averroïsme est donc l'aristotélisme poussé à ses dernières conséquences. Tel n'est nullement celui de Thomas. Il s'opposa, au contraire, à un usage abusif d'Aristote, qui compromettait la religion chrétienne ; il combattit les averroïstes qui prétendaient exposer les opinions du philosophe, sans se soucier de contredire la foi.

Le but de la philosophie thomiste est la recherche de la vérité. Pour l'atteindre, elle emprunte au stagirite le fond même de sa science, mais elle

---

(1) P. MANDONNET.
(2) P. MANDONNET. — *Siger de Brabant*, p. 177.

n'hésite pas à sacrifier son autorité à la foi, et à l'abandonner en cas de conflit.

Le péripatétisme de Thomas d'Aquin n'est donc pas, dans un sens strict, la doctrine absolument pure du philosophe grec.

C'est une philosophie éclectique, ce qui d'ailleurs ne suffirait pas à la distinguer de la philosophie, éclectique, elle aussi, du grand émule de Platon.

Et, c'est aussi une philosophie de conciliation, si l'on pouvait ainsi s'exprimer. Le P. Liberatore (1) approuve Renan, faisant remarquer que les Arabes et les Scolastiques, en commentant Aristote, cherchèrent à se créer une philosophie particulière, qui, de fait, renferme un grand nombre d'éléments indigènes. Thomas tente un compromis, en rectifiant les théories d'Aristote. Il veut christianiser la science grecque ; il s'efforce, en quelque sorte, de fondre la philosophie d'Aristote, et la théologie, pour reconstituer la philosophie chrétienne. — Et, comme on ne transige pas avec la foi, c'est dans l'expression surtout, plus encore que dans le fond de la doctrine, qu'éclate l'esprit conciliateur du philosophe chrétien.

Thomas n'attaque jamais son maître ; il ne le réfute pas. Rempli à son égard de la plus grande bienveillance, il a le désir de ne pas le trouver en faute. « Les attaques contre Averroès, écrivait Renan (2), semblent se lier, chez St Thomas, au

---

(1) P. Liberatore. — *Théorie de la connaissance intellectuelle d'après St Thomas.*

(2) Renan. — *Averroès et l'Averroïsme,* p. 215.

désir de sauver, en une certaine mesure, l'orthodoxie du péripatétisme, en sacrifiant les interprètes, et surtout les Arabes. » Et, on a pu faire remarquer (1) que Thomas n'avait jamais une parole agressive à l'égard d'Aristote ; qu'en présence d'une erreur, il excusait, ou du moins n'incriminait pas.

La solution d'une question est-elle douteuse ? Thomas incline habilement le texte dans un sens acceptable, et tente de nous convaincre, comme il l'est lui-même. Toute position indécise est toujours interprétée dans un sens favorable. Quand Aristote dit que l'intelligence est séparée (ψ III), et qu'elle n'est l'acte d'aucun corps, nous pouvons nous demander si, selon la pensée d'Aristote, l'intelligence n'était pas sans union avec le corps ? St Thomas précise alors la question et donne comme certaine, une réponse qui ne paraît que vraisemblable : « Quand Aristote dit que l'intelligence est séparée, fait-il remarquer (2), il *entend* par là qu'elle n'est pas la vertu d'un organe corporel... et il ajoute, elle est dans la matière, parce que l'âme à laquelle elle se rattache est la forme du corps et le terme de la génération humaine ». On a dit avec raison : « Quand la doctrine est susceptible d'être amenée à un sens véritable, Thomas n'hésite pas à le faire, et il sépare volontiers Aristote de ses commentateurs les plus compromettants, d'Averroès, en particulier (3) ».

St Thomas, d'ailleurs, ne présente pas ses opinions comme personnelles ; toujours il les place

---

(1) *Talamo*, p. 127-52.
(2) Q. 76. Obj. 1.
(3) P. Mandonnet. — *Siger de Brabant*, p. 175.

sous le haut patronage d'Aristote. Il se retranche derrière le témoignage du maître, comme s'il s'appuyait sur la raison écrite.

De ces quelques considérations générales, on peut, semble-t-il, induire que les ressemblances doivent l'emporter entre les théories de l'intelligence des deux philosophes. Sans doute Thomas d'Aquin unit souvent le désir impartial de fixer la vérité, au besoin de faire de la polémique, mais il n'en reste pas moins éclectique et toujours conciliant. Il demeure avant tout l'interprète d'Aristote, interprète éclairé, hardi, plein de sympathie et de respect. Aussi les différences d'opinions doivent-elles être atténuées, voilées, et même presque comme modestement dissimulées sous le nom d'Aristote, légèrement incliné dans tel ou tel sens, mais toujours écouté, toujours invoqué.

§ II. — Avant de chercher à déterminer l'œuvre propre, la part d'originalité de Thomas d'Aquin il faut reconnaître que, ce qui lui appartient dans sa psychologie, n'est pas ce qui apparaît tout d'abord.

L'ensemble de la psychologie de l'intelligence de Thomas reproduit dans ses lignes générales et essentielles la théorie du νοῦς d'Aristote.

Le rôle de l'intelligence paraît être, comme chez le philosophe grec, à la fois *primordial* et très *restreint*.

L'intelligence a l'hégémonie sur toutes les facultés de l'âme. « Le côté intellectuel et rationnel, a écrit M. Fouillée (1), domine chez saint Thomas... c'est

---

(1) Fouillée. — *Histoire de la philosophie*, p. 207.

une philosophie de la raison... » Saint Thomas peut être appelé, selon l'expression de l'abbé Vacant (1) « le champion de l'intelligence ».

En psychologie, Thomas proclame la supériorité de l'intelligence sur la volonté. Elle lui est supérieure par son *objet*; l'entendement saisit la raison du bien ; il a un objet différent de celui des puissances sensitives ; il saisit l'essence universelle des choses sensibles ; il n'atteint le particulier que dans ses rapports avec l'universel. Ce qui est plus simple, plus abstrait, plus absolu est plus parfait que ce qui est mélangé, concret et relatif, or l'intellect a l'objet le plus simple, le plus absolu et le plus abstrait, il a donc l'objet le plus parfait (2). L'intelligence l'emporte encore sur la volonté par son *rôle*. Elle trace à la volonté sa fin (3). Elle a le pouvoir de commander aux autres puissances (3). La raison nous présente les divers moyens qui peuvent servir à réaliser notre fin. Notre raison choisit ; c'est dans cette force élective, dans l'intelligence autant que dans la volonté que réside le libre arbitre (4).

La même prédominance se retrouve en théodicée. La vie divine est essentiellement intellectuelle (5). Et, en Dieu même, on retrouve la même subordination de la volonté à l'intelligence.

---

(1) VACANT. — Congrès Fribourg 1897. D'où vient que Duns Scot ne conçoit pas la volonté comme saint Thomas d'Aquin.
(2) Iª, q. 82, a 3.
(3) I IIª, q. 17, a 1, ad 2.
(4) I, q. 83, 4. — I, q. 27, a 4 ; ad. 3.
(5) I, q. 17, a 3.

Le droit et la morale de Thomas d'Aquin sont aussi fondés sur des principes intellectuels et rationnels. La loi civile est « un ordre de la raison, imposé pour le bien commun, par celui qui est chargé du soin de la communiquer et suffisamment promulgué (1) ». « Le droit est la proportion d'une chose à une autre (2). » La loi naturelle exprime ce qui parut nécessaire à la sagesse divine, pour la réalisation de ses fins. La vertu morale se trouve seulement dans la partie appétitive (II, 1, q. 58, 1). Elle n'est pas nécessaire aux vertus intellectuelles ; mais l'intelligence, la perception des principes, est la condition nécessaire de la vertu morale. Le bonheur exige aussi la compréhension (II, q. IV, a. 3). « L'essence du bonheur consiste dans l'acte de l'intellect » ; elle réside surtout dans l'opération spéculative de l'intellect, la plus excellente de l'âme, recherchée surtout pour elle-même et par laquelle l'homme communique avec Dieu. L'acte suprême de la béatitude est la contemplation ; c'est la vision intuitive de Dieu par l'entendement.

L'intelligence l'emporte donc sur la volonté, et sur la sensibilité, par son objet et par son rôle ; néanmoins saint Thomas, comme Aristote, *l'enferme dans des limites très étroites*. Non seulement il voit dans la sensibilité et dans l'intelligence deux facultés distinctes, mais il précise, en le restreignant, le rôle propre de l'intelligence, beaucoup plus que ne le font les philosophes modernes. Ainsi

---

(1) I II, q. 90, a 4.
(2) II II, q. 57, a 1.

les données fournies par les sens, sont considérées, par saint Thomas, comme de pures sensations, malgré leur élément représentatif, et il oppose d'une manière absolue la sensation au concept. Le concept a des caractères absolument propres : seule l'idée est universelle, incorporelle. L'intelligence, qui la produit, est le privilège de l'homme ; seul l'intellect se connaît, et connaît qu'il connaît, seul il n'est pas corrompu (1). Aussi, bien que l'intellect humain puisse connaître les singuliers, par accident, et comme par réflexion (2), il ne semble pas qu'on puisse, en philosophie thomiste, distinguer, comme le fait la philosophie moderne, les idées en idées concrètes et en idées abstraites. Ce que l'on appelle aujourd'hui une idée concrète n'est, pour Thomas d'Aquin, comme pour Aristote, qu'une représentation sensible, sensation, ou image. L'idée par cela même qu'elle est une production de l'intelligence, faculté spirituelle, est abstraite, universelle, irréductible par nature aux sensations et aux images.

§ III. — C'est dans la supériorité même de l'intelligence, faculté d'élite, qu'il faut voir les raisons des caractères spécifiques de la connaissance intellectuelle. Une puissance supérieure opère d'une façon plus élevée qu'une puissance inférieure, à l'égard du même objet : aussi tandis que par la réception de la forme d'un objet, le sens est conduit à la connaissance des accidents extérieurs, l'intel-

---

(1) S. phil., l. II, 66.
(2) De veritate. De scientia Dei (a. 6).

lect parvient à la « quiddité » nue, à l'essence, séparant l'objet de toutes ses conditions matérielles. Des choses que le sens appréhende, l'esprit est conduit à d'autres plus élevées (1).

Comment l'intelligence, faculté première, et, en même temps très limitée dans son action propre, atteint-elle seule à la connaissance de l'universel ? C'est, pour Thomas d'Aquin, comme pour Aristote, en vertu d'une puissance particulière, d'une force spéciale, c'est par *l'abstraction*.

Cette faculté joue dans la psychologie intellectuelle des deux philosophes un rôle immense, et ils conçoivent sa nature et ses fonctions d'une manière analogue, qui leur paraît propre.

La psychologie classique voit dans l'abstraction la dissociation d'une propriété, que l'on considère à l'exclusion de toutes les autres. Dans un objet complexe, l'esprit s'attache à telle ou telle qualité, pour s'en faire une idée claire. « Une idée abstraite est la représentation à l'esprit d'un seul élément d'un objet, par exemple l'idée de la couleur de cette table, et le terme qui l'exprime est un terme abstrait (2). » Une abstraction de ce genre, fait remarquer M. Rabier (3), ne donnera jamais comme résultat la généralité de la chose abstraite : « que j'isole les unes des autres les diverses parties, ou les diverses qualités, dont l'ensemble forme un

---

(1) De veritate. De mente (a 6).
(2) Abbé Durand. — *Psychologie*, p. 179. — Voir Ribot, par exemple, *Revue philosophique*, octobre 1891.
(3) Rabier. — *Psychologie*, p. 307.

certain objet, ces parties ou ces qualités demeurent, après cette séparation, particulières, comme elles l'étaient avant leur séparation ».

L'abstraction péripatéticienne a un sens beaucoup plus étroit ; elle ne désigne pas l'opération, qui sépare une partie d'une autre partie, ou une qualité d'une autre qualité, mais elle retranche de l'objet, ou de ses qualités leurs déterminations particulières ; l'absence de ces déterminations doit rendre généraux l'objet, ou ses qualités. *L'abstraction dépouille l'essence de ses caractères individuels.* Elle dégage l'immatériel, l'élément fixe, permanent, indéterminé, absolu des choses, qui ne peut être représenté sous une forme sensible.

L'abstraction ainsi conçue est l'opération fondamentale de l'intelligence, qui débute toujours par elle ; elle lui fournit son objet, la puissance intellectuelle se rapportant à ce qu'il y a de plus général, à l'être universel (1). C'est l'intelligence active d'Aristote ; du moins, en tant qu'elle informe l'intelligence passive. L'activité intellectuelle entre en mouvement par l'abstraction. Cette dernière est comme une puissance d'analyse, comme une inclination fondamentale de l'esprit (2), qui, au contact de la sensation ou de l'image, en fait jaillir l'intelligible, objet de l'intellect possible, qui l'exprimera, sous forme de concept.

Dans cette opération de l'abstraction réside, en

---

(1) Ire p., q. 78.
(2) R. P. Peillaube. — Cours inédit 1898 et *Théorie des concepts*, IIe partie, ch. IV.

quelque sorte, le nœud même du problème de la connaissance intellectuelle. En effet, pour Thomas d'Aquin, comme pour Aristote, *le semblable étant connu par le semblable* (1), il ne peut y avoir communication de la matière, où réside l'universel en puissance, à l'esprit, que par la seule abstraction. La sensation, l'image, qui sont concrètes, étant susceptibles d'être localisées et d'être représentées, ne peuvent s'imprimer directement dans l'intellect, faculté spirituelle. Il faut que l'activité intellectuelle, que la puissance d'abstraction transforme idéalement l'essence, qui est dans l'image sous un mode sensible; l'intellect actif *tire*, en quelque sorte, *une copie* de l'essence *sous forme spirituelle*. L'essence de l'image, ainsi séparée des phénomènes individuels, devient intelligible; elle est imprimée dans l'intellect sous une forme universelle, elle est susceptible d'être pensée, et étant exprimée, d'être perçue comme universelle, d'être conçue comme possible, comme multipliable.

L'esprit ne connaît, dit saint Thomas (2), qu'en abstrayant de la matière; l'objet matériel est connu par une similitude de forme. Il n'est d'ailleurs pas nécessaire que la similitude ait l'être; il suffit qu'elle convienne en raison. Dans une statue d'or, la forme humaine n'a pas l'être, que possède la forme du modèle vivant.

L'intelligence est donc, avant tout, *la faculté de l'universel*. Elle connaît les corps d'une connais-

---

(1) Quæstiones disputatæ; De anima (a 17).
(2) De Veritate, de Mente (a 4).

sance immatérielle, universelle, nécessaire. Mais cette connaissance ne saurait être, chez l'homme, que le produit d'une transformation et d'une assimilation.

En présence de l'universel en puissance dans la matière, l'intelligence entre en activité, elle le dégage, le fait passer à l'état de forme immatérielle, susceptible d'être assimilée et exprimée par une faculté spirituelle.

Connaître, c'est *transformer et recevoir*, c'est en second lieu, *assimiler et exprimer*. Aussi, peut-on pour saint Thomas comme pour Aristote, dégager de l'ensemble très abondant des questions consacrées à l'intelligence, deux grandes lois de l'activité intellectuelle : il y a *antériorité* nécessaire de la *connaissance sensible,* et *uniformité des contraires dans l'intellect.*

Selon Platon, les intelligibles étaient tels par eux-mêmes ; mais il faudrait alors, remarque Thomas d'Aquin (1), que les intelligibles soient d'autant plus compris de nous, qu'ils sont plus intelligibles. Or, ce qui nous est le plus intelligible, c'est ce qui en soi l'est le moins, ce qui est le plus proche des sens. Aussi, comme Aristote l'avait bien observé, ce qui est intelligible pour nous, n'existe-t-il pas en soi, et vient-il des sens. Et, de fait, l'intellect uni au corps ne pense, qu'autant qu'il recourt aux images ; l'imagination cesse-t-elle de fonctionner, l'homme ne peut plus comprendre (2). Mais l'en-

---

(1) *Gentils*, l. II, ch. 77.
(2) I, q. 84 ; 7.

tendement n'étant pas l'acte d'un organe corporel doit percevoir les objets sensibles, par l'abstraction des images (q. 85). L'impression des choses sensibles est donc nécessaire, quoique insuffisante. « L'intellect agent transforme par son action les images sensibles, et il en résulte dans l'intellect possible une ressemblance, qui représente les choses seulement par rapport à la nature de leur espèce. C'est ainsi qu'on dit, que les espèces intellectuelles sont abstraites des images sensibles, ce qui ne signifie pas que la forme, qui était d'abord dans l'image sensible est passée ensuite dans l'intellect possible, en restant numériquement la même, comme un corps qu'on prend dans un lieu pour le transporter dans un autre (1). »

L'âme ne connaissant pas les corps par des espèces naturellement innées (q. 84; 3), les espèces intelligibles ne découlant pas de formes séparées, la notion des objets matériels ne provenant pas de la seule participation aux raisons éternelles, et les corps ne pouvant rien imprimer directement dans l'immatériel, l'intelligence ne peut rien percevoir que par l'intermédiaire des images, que par une sorte de *transformation des images*. La connaissance intellectuelle marque un second degré dans l'échelle de la connaissance humaine; elle s'ajoute à la connaissance sensible, qu'elle surélève et perfectionne.

Nous ne comprenons donc rien sans les images

---

(1) I, q. 85, rép. 3.

sensibles. Et cela n'est pas seulement vrai pour les objets corporels, mais même pour les essences immatérielles. «... Dans l'état de la vie présente les deux intellects ne s'étendent qu'aux choses matérielles que l'intellect agent rend intelligibles en acte, et qui sont reçues dans l'intellect possible. Par conséquent dans l'état actuel nous ne pouvons comprendre les substances séparées immatérielles par elles-mêmes ni au moyen de l'intellect possible, ni au moyen de l'intellect agent (1). »

C'est pourquoi l'âme humaine ne se connaît pas elle-même par son essence (2). Aristote l'avait déjà observé (ψ II). L'intellect se comprend par les autres choses, par leurs ressemblances, n'étant, par rapport aux objets intelligibles, qu'un être en puissance, l'entendement humain se connaît non par son essence, mais par l'acte au moyen duquel l'intellect agent abstrait des images sensibles les espèces intelligibles. Dans son essence, l'entendement n'est qu'un être capable de comprendre. Notre intellect se connaît lui-même, selon qu'il est mis en acte par les espèces que la lumière de l'intellect agent abstrait des choses sensibles, et selon que cette lumière est l'acte des choses intelligibles par le moyen desquelles l'intellect possible comprend.

Et, de même que dans l'ordre général de la connaissance, il y a pour ainsi dire mouvement du sensible à l'intelligible, mouvement du matériel

---

(1) I, q. 88 a, 1 (6).
(2) I, q. 87.

au spirituel, de même dans la sphère propre de la connaissance intellectuelle, la conscience ne commence pas par se saisir elle-même, en tant que faculté spirituelle. L'entendement humain se saisit dans son opération avant de se saisir dans son être. « Il connaît avant tout son objet propre. Il ne connaît qu'en second lieu l'acte par lequel il il perçoit son objet, et c'est par cet acte qui est la perfection, qu'il se connaît lui-même (1). » Déjà pour Aristote (ψ II) les objets étaient connus avant les actes, et les actes avant les puissances.

On peut donc dire que l'intelligence humaine, bornée et imparfaite comme elle l'est, par suite même de son union à la matière corporelle, ne peut rien percevoir d'immatériel, pas même elle-même, d'une manière directe, et sans l'intermédiaire des sens. Mais après le travail préliminaire de l'intelligence, après la transformation des images en formes intelligibles, il s'opère une *assimilation* complète des « *espèces impresses* ». L'activité intellectuelle peut alors être exprimée par la seconde loi de l'intelligence, la *loi de l'uniformité des contraires dans l'intellect*.

Il y a alors adéquation de deux choses diverses, il y a adéquation de l'objet, et de l'intelligence (2). Et il y a encore adéquation entre les objets contraires, une forme incorruptible ne supportant pas d'opposition entre ses éléments. « Dans l'âme intelligente, dit saint Thomas (3), il ne peut y avoir au-

---

(1) I, q. 87 ; 3.
(2) *De veritate* (a,3).
(3) I, q. 75 ; 6.

cune contrariété. En effet, elle reçoit toutes ses perceptions selon son mode d'être, et ses perceptions n'ont rien d'antipathique entre elles. Car les raisons des idées les plus opposées, une fois qu'elles sont dans l'entendement, ne se combattent pas réciproquement ; elles ne forment qu'une seule et même science, qu'on peut appeler la *science des contraires*. » L'intelligence est donc une force, une énergie ; c'est une puissance d'unification. L'objet reçu l'est toujours selon la manière d'être du sujet ; l'intelligence reçoit les espèces des corps qui sont matérielles et muables, selon sa manière d'être, immatériellement et invariablement (1).

L'objet connu est dans le sujet, et le sujet connaissant s'assimile lui-même à l'objet connu (2).

Il y a union du connaissable au connaissant ; dans l'acte de connaître, la forme de l'objet est unie à la puissance de connaître, et ne fait, pour ainsi dire, avec elle qu'un seul principe d'opération. La similitude de l'objet connu (image transformée), gravée dans le sujet, est principe de connaissance, en tant qu'elle est représentation de l'objet. L'objet matériel est connu par une similitude de formes (3).

Thomas d'Aquin professe donc un objectivisme modéré ; il fait la part du sujet, et de l'objet. Sans doute le sujet transforme la sensation, ou l'image qu'il reçoit, et il se l'assimile. Toute connaissance

---

(1) I, q. 84 ; 1.
(2) I. q. 12 ; 4. — I, q. 85 a. 2, ad. 1. — I, q. 95 a. 5, ad. 2.
(3) *De mente*, a. 4.

se fait selon quelque forme, qui est dans le sujet, principe de connaissance. Or, une telle forme, considérée selon son être dans le sujet, fait passer à l'acte l'intelligence ainsi informée, et la connaissance se produit avec les caractères de spiritualité, et d'immatérialité du sujet où la forme est reçue. Mais si l'intelligence transforme son objet pour pouvoir se l'assimiler, et s'identifier avec lui, cet objet n'est pas sans exercer lui-même une action propre sur l'esprit. L'objet matériel est connu au moyen d'une similitude de formes. La forme envisagée, non plus comme étant dans le sujet, mais selon son rapport avec l'objet dont elle est la représentation intelligible, apparaît comme une similitude ; elle détermine la connaissance de *quelque objet déterminé*, et identifie, en quelque sorte, avec elle-même le sujet, en qui elle est imprimée, et dont elle devient un acte, une représentation objective ; la forme devient, pour ainsi dire, le sujet en acte.

Ainsi, si l'on envisage les grandes lois de l'intelligence, l'identification de l'intelligence et de son objet, par la spiritualisation de l'objet, si l'on pouvait ainsi s'exprimer, et par la détermination du sujet, et d'autre part, l'origine empirique de la connaissance intellectuelle ; si l'on voit avant tout dans l'intelligence une faculté de l'universel, et un pouvoir spécifique d'abstraction ; si l'on enferme l'intelligence dans des limites très strictes, tout en proclamant son hégémonie, on pourra s'appuyer également sur l'autorité de saint Thomas, et sur celle d'Aristote. Si des fonctions, si du rôle de l'intelligence, on pénètre jusqu'à la *nature* de l'intelligence, on retrouvera, au début tout du moins de cette étude, et si l'on se renferme dans la psychologie, en effleurant à peine la métaphysique, on retrouvera dans Thomas d'Aquin le disciple fidèle du maître.

§ IV. — Aristote avait vu dans l'intelligence, une faculté séparée, impassible, sans mélange. Le principe des opérations intellectuelles apparaîtra aussi à saint Thomas comme une forme absolue (1). Il rappelle qu'Aristote mettait la différence constitutive de l'homme dans son caractère raisonnable, et qu'il plaçait par suite sa forme dans le principe pensant. Si l'intellect n'était pas la forme de l'individu, il serait en dehors de son essence, or, comprendre est un acte immanent au sujet, et non un acte se produisant extérieurement (2).

L'intelligence n'est pas d'ailleurs chose passagère. Elle est l'opération propre de l'homme, dont elle révèle la nature. « L'âme humaine est ce qu'il y a de plus élevé parmi les formes. C'est pour cela qu'elle surpasse tellement la matière corporelle, qu'elle a une activité et une puissance, qui n'a rien de commun avec elle. Et c'est cette puissance, que nous désignons par le nom d'intelligence. »

L'âme est immatérielle : elle reçoit les espèces des choses d'une manière immatérielle (3). Et elle est aussi incorruptible (4). C'est une forme subsis-

---

(1) Gentils, II, 70.
(2) I, q. 76.
(3) Quest. disput. — *De anima*, art. 14.
(4) *Id.*; et I, q. 75; 6.

tant d'elle-même, sans éléments contraires, aussi n'est-elle corruptible ni par elle-même, ni par accident; une forme, en effet, ne peut être séparée d'elle-même, ne peut cesser d'exister. Et puis, comme la cause est supérieure à l'effet, comme les intelligibles sont incorruptibles, l'intellect agent doit l'être aussi (1).

Saint Thomas semble aussi admettre *la dualité* des facultés intellectuelles. Il y a dans l'intelligence *un agent* et *une puissance*. L'esprit, à l'égard des sensibles est dans un double état, comme l'acte à l'égard de la puissance, et comme la puissance à l'égard de l'acte. Par l'intellect agent, les objets extérieures intelligibles en puissance passent à l'acte; par l'intellect possible les formes abstraites sont reçues (2).

Thomas d'Aquin se demande si l'intellect est une puissance passive (3)? Après s'être posé plusieurs objections le philosophe chrétien conclut avec le savant païen que, penser c'est éprouver quelque chose, c'est recevoir une chose qu'on était en puissance de recevoir; c'est un passage de la puissance à l'acte; seul l'intellect divin est acte pur. Il n'est pas d'intelligence créée, qui puisse être en acte par rapport à l'être universel tout entier. Au commencement l'entendement humain est une *table rase*, sur laquelle rien n'est écrit.

Faut-il admettre dans l'âme un intellect agent?

---

(1) Gentils, II, q. 78.
(2) *De mente*, a; 6.
(3) I, q. 79 a; 2.

Comme toujours, le disciple d'Aristote écarte d'abord plusieurs graves difficultés; leur solution le laisse en face de ce principe : rien ne passe de la puissance à l'acte, que par un être en acte. L'intellect agent est donc nécessaire. Il faut une vertu qui rende les objets intelligibles en acte, et dégage leurs espèces des conditions matérielles, l'immatériel en acte n'existant pas (1).

On retrouve en toute nature l'agent et la puissance (2). S'il y avait des universaux dans la nature, ils mettraient par eux-mêmes l'intellect possible en mouvement, mais ils ne sont que le produit de l'intellect. Il faut un agent, qui fasse passer les intelligibles à l'acte, en les abstrayant de la matière et des conditions matérielles, et qui leur permette de mouvoir à leur tour l'intellect possible.

A cette faculté intellectuelle, dont l'activité est, en quelque sorte, double, Thomas rattache, comme Aristote, trois habitudes intellectuelles spéculatives : la science, l'entendement, la sagesse (3).

La science raisonne sur les divers genres de connaissance ; l'entendement fournit la connaissance simple, certaine des premiers principes ; la sagesse considère les choses les plus intelligibles, quoique les dernières, que nous puissions connaître. — « Le vrai qui est connu par lui-même est
« un principe, et il est immédiatement perçu par
« l'intellect. C'est pourquoi l'habitude qui perfec-

---

(1) I, Q. 79 a. 3.
(2) Quaest. disp. — De anima 6.
(3) I, Q. 57, 2.

« tionne l'intelligence par rapport à cette espèce de
« vrai se nomme intelligence ou entendement ; c'est
« l'habitude des principes. » Mais il y a entre ces
vertus une certaine subordination : « *la science*
« dépend de l'*intelligence* comme d'une chose qui
« est au-dessus d'elle, et elles dépendent l'une et
« l'autre de la *sagesse* qui les domine, et qui
« comprend sous elle l'intelligence et la science,
« puisqu'elle juge les conclusions des sciences et de
« leurs principes ».

Outre les vertus intellectuelles spéculatives :
St Thomas mentionne aussi particulièrement une
vertu, qui semble d'ordre moins élevé. La prudence,
par laquelle nous jugeons de l'avenir par le présent
et le passé, doit exister dans la partie cognitive et
raisonnable de l'âme ; elle résulte d'une certaine
comparaison. Mais la prudence, qui peut connaître
les choses particulières, n'existe que dans la raison
pratique (1). Cette distinction de l'intelligence en
raison pratique, et en raison spéculative est encore
bien aristotélicienne.

---

(1) II II™ Q. 47.

CHAPITRE II

COMMENT SAINT THOMAS SE SÉPARE D'ARISTOTE.

§ I. — Envisagée dans ses grandes lignes la psychologie Thomiste semble n'être que l'expression fidèle, presque la traduction exacte, de la psychologie péripatéticienne. Le rôle de l'intelligence, sa place et ses fonctions, la nature psychologique de l'intelligence paraissent être sensiblement les mêmes dans les deux philosophies. Et, cependant, les différences sont nombreuses et profondes.

Ces divergences se manifestent tout d'abord dans la forme, dans l'expression, et la composition, dans la langue et la méthode. Elles n'apparaissent peut-être pas d'abord, parce qu'elles sont comme dissimulées et atténuées par des qualités communes de concision, de sobriété, de méthode, du moins en général. Mais il est facile de reconnaître deux caractères dominants, et opposés dans ces deux philosophies, grecque et scolastique.

Chez Thomas d'Aquin, on est frappé, non pas par l'ampleur, mais par la richesse, par l'abondance, et parfois la surabondance des arguments. Il semble que les questions soient comme martelées sous

CHAPITRE II

toutes leurs faces, qu'elles soient présentées à la vue sous tous leurs aspects, qu'elles soient tournées et retournées dans tous les sens. Saint Thomas a répondu à toutes les objections passées, et paraît avoir voulu prévoir les objections de l'avenir.

Le second caractère dominant de l'exposition du grand docteur scolastique c'est sa parfaite clarté, qui provoque l'assurance et fait naître la certitude dans les esprits. Rien n'est sous-entendu. Il procède par affirmations nettes, catégoriques, dont chacune possède sa preuve à l'appui. « La Somme » est peut-être l'une des œuvres du génie humain, qui suppose la plus grande confiance dans la raison de l'homme.

Au contraire le lecteur d'Aristote est frappé de sa sécheresse. La concision qui est une qualité chez Thomas d'Aquin avait dégénéré en défaut chez Aristote. Elle laisse l'esprit hésitant, incertain, mal éclairé. On a la sensation pénible que les questions les plus graves paraissent parfois à peine entrevues, à peine effleurées ; elles ne sont nullement résolues, et ne présentent souvent pas de matériaux capables de servir à leur solution. Aussi faut-il se souvenir que, quand Aristote s'adressait au grand public comme Platon, lui aussi, il savait composer des dialogues et écrire dans une style littéraire. Mais, quand le matin, il réunissait quelques auditeurs choisis et intimes, sa langue était plus négligée, plus abrupte. Ce ne sont que des notes (1) relatives à ses

---

(1) Max Egger. — Histoire de la littérature grecque.

leçons, qui nous sont parvenues ; ses livres « du dedans », ses livres ésotériques, sont des ouvrages inachevés ; ce sont comme des résumés rapidement rédigés avant ou après le cours, en un style d'une précision austère et nue.

Aussi l'obscurité d'Aristote sur certains points très importants s'explique-t-elle facilement ; mais elle n'en reste pas moins très réelle. Les solutions sont parfois indiquées d'une manière insuffisante, et il est ainsi possible de les interpréter, avec vraisemblance, de façons très différentes. « ... On tire toujours d'Aristote des théories... qui sont si non contradictoires, du moins tout à fait irréductibles les unes aux autres ; et il y a, des fondements positifs qui justifient en quelque manière ces différentes positions (1). » Et parmi les questions les plus obscures, sur lesquelles le génie d'Aristote n'est parvenu à produire que de bien faibles lueurs, incapables d'éclairer sa longue postérité philosophique, se trouvent précisément certains problèmes qu'il n'a fait qu'effleurer dans son « Traité de l'âme » « en laissant la porte ouverte à de graves incertitudes » sur la nature de l'âme intellectuelle dans l'homme. Aussi le P. Mandonnet a-t-il pu écrire : « Aucun point important des doctrines d'Aristote n'a peut-être soulevé des polémiques si nombreuses et si durables que la question de savoir, quelle avait été sa véritable pensée touchant la nature de l'intellect... (2) ».

---

(1) P. Mandonnet. — Siger de Brabant.
(2) P. Mandonnet. — Siger de Brabant (p. 184).

Dans cette concision excessive, dans cette obscurité, parfois insondable, d'Aristote réside sans doute la source principale des divergences que l'analyse manifeste entre la pensée du maître et celle du plus grand de ses disciples. Les différences de fond entre les deux doctrines portent précisément sur des points incomplètement traités par Aristote, et susceptibles d'interprétations différentes. Elles ont surtout pour objet des questions métaphysiques, qu'Aristote, qui était plutôt naturaliste, a peut-être moins pénétrées.

Saint Thomas développe, éclaire, précise simplement la logique de l'intelligence. Il adopte le mécanisme général du νοῦς d'Aristote, son fonctionnement, sa puissance d'abstraction, son rôle d'intermédiaire entre la matière et la pensée ; il voit dans l'intelligence humaine une force capable de réaliser et d'exprimer le concept, en puissance seulement dans la sensation et dans l'image.

C'est sur *la nature* même de l'intelligence que le philosophe chrétien apporte surtout des données nouvelles, qu'il complète et parfois modifie les opinions souvent vagues et insuffisantes d'Aristote.

Il y a, en effet, des lacunes, des incertitudes chez Aristote, qui rendent possibles et vraisemblables, des interprétations toutes différentes.

Certains points ne paraissent pas établis.

Et cela, tout d'abord, sur le rôle final des deux intellects. La conception intellectuelle est-elle certainement réalisée par l'intellect actif ? Il le semble, cette partie de l'intelligence étant antérieure et supérieure à l'autre, qui est subordonnée et périssable comme le corps. Et, cependant, l'intelligence passive, devenant « la forme » des sensations et des images, ne paraît-elle pas devenir concept, et faculté par là-même de concevoir?

On ne s'explique guère plus nettement la distinction des deux intellects. N'y a-t-il pas opposition de caractères, antinomie réelle entre les qualités propres des deux intellects : l'intelligence passive est périssable comme le corps, et l'intelligence active est indestructible? Comment des caractères aussi exclusifs l'un de l'autre conviennent-ils à la même faculté ! — Et cependant Aristote, dit que l'intelligence, dans un sens large, a pour caractères communs d'être séparée, impassible, sans mélange. Y aurait-il unité d'âme intellectuelle dans l'homme? N'y a-t-il pas pluralité de facultés intellectuelles dans l'âme? Les deux intellects ne constituent-ils pas deux facultés bien distinctes?

Aristote ne répond pas nettement à ces questions.

Aussi conçoit-on certaines incertitudes sur la nature métaphysique de l'intelligence. On ne peut absolument déterminer l'opinion d'Aristote sur l'unité et la personnalité de l'âme intellectuelle, sur la substantialité de l'intelligence, sur l'immanence de son activité, et sur son immortalité.

Saint Thomas constate qu'Aristote n'est pas précis sur les deux graves questions de l'unité ou de la multiplicité de l'intelligence chez l'homme, et sur l'unité de forme de l'âme intellectuelle. « Il semble, dit saint Thomas, se posant une objection (1), que

---

(1) I, q. 76, a, 1.

le principe pensant ne soit pas uni au corps, comme sa forme. Car Aristote dit (ψ III) que l'intelligence est séparée, et qu'elle n'est l'acte d'aucun corps. Elle n'est donc pas unie au corps comme la forme. » Le grand docteur trouve une réponse très claire à la difficulté, il explique et précise la pensée d'Aristote, mais cette pensée prise en elle-même n'en reste pas moins quelque peu obscure. — Et de même, quand saint Thomas établit l'absence dans l'homme d'autres âmes essentiellement distinctes de l'âme intellectuelle, il constate que « à l'égard de l'âme intellective, Aristote ne décide pas, si elle est séparée des autres parties de l'âme seulement rationnellement, ou si elle l'est localement ».

L'unité, ou la pluralité de l'intelligence chez l'homme étant douteuse, la personnalité de l'intelligence reste aussi incertaine. Sans doute l'âme n'est pas séparée du corps (II; I, 12. II, 9), mais il est possible que certaines parties le soient, telle l'intelligence. L'intellect actif entre dans l'âme du dehors ; seul il est séparable, impérissable, éternel. Cette imprécision laisse possible l'interprétation averroïste d'une intelligence impersonnelle.

La substantialité de l'âme pensante, de l'intelligence est-elle certaine ? Il semble bien parfois, que pour Aristote l'opération de l'intelligence constitue sa substance même ; avant d'entrer en acte l'intelligence est une simple puissance, une faculté latente, attendant d'un excitant extérieur la réalisation de sa virtualité. On a cru pouvoir conclure d'un passage du « Traité de l'âme », que l'intelligence était la succession même des pensées (1). Mais les actes passagers de l'intelligence ne lui donneraient qu'une existence passagère? « L'intelligence, dit Aristote (2), est une et continue, tout comme l'est la pensée ; et la pensée, ce sont les pensées. Mais si les pensées forment une unité, parce qu'elles se suivent, c'est comme le nombre ; elles ne sont pas comme la grandeur... »

La force immanente de l'âme n'est pas non plus suffisamment mise en lumière par Aristote. Son activité lui vient surtout du dehors ; l'intelligence n'a pas conscience de soi indépendamment d'un intelligible ; sans l'intelligible elle n'est pas. Ce n'est guère qu'une puissance, une faculté latente.

L'intelligence humaine est-elle une faculté immortelle ?

Elle est, tout au moins partiellement, mortelle : Aristote juge périssable la partie passive. Et cependant l'intelligence étant divine, doit être en quelque façon éternelle ? Mais cette immortalité est toute impersonnelle : principe impassible l'intelligence n'est pas douée de mémoire, et ne saurait se passer du concours du corps. La forme ne peut subsister, par elle-même, sans la matière qu'elle détermine. Que devient, selon Aristote, l'intelligence active ? Quels sont ses rapports, dans un avenir sans personnalité, avec la Cause Intelligente ?

La métaphysique de l'intelligence reste donc incertaine et flottante chez Aristote ; elle laisse libre cours

---

(1) BARTHÉLEMY-SAINT-HILAIRE. — Traité de l'âme. Préface.
(2) Traité de l'âme (I, III, 13).

aux interprétations les plus opposées. Les indécisions du philosophe sur l'unité ou la pluralité de l'intelligence ont permis à beaucoup de l'interpréter dans un sens panthéiste ; une intelligence, succession de pensées, répondrait à une conception toute phénoméniste ; une intelligence dont le sort semble lié à la matière pourrait ne pas répugner au positivisme ; enfin la doctrine générale de l'intelligence d'Aristote ne l'a pas mis à l'abri du reproche de rationalisme.

§ II. — Aux opinions vagues d'Aristote, Thomas d'Aquin substitue des croyances fermes, solides, clairement établies.

Il débarrasse la théorie d'Aristote de certaines incohérences apparentes, et met plus de synthèse, plus d'unité dans l'intelligence.

Il semble qu'on puisse discerner trois sources principales aux éclaircissements, aux précisions, aux corrections apportés par Thomas :

Les certitudes théologiques du Christianisme ;
La polémique anti-averroïste ;
L'esprit augustinien de la tradition théologique aux débuts du xiiie siècle.

Le Christianisme apporte une réponse absolue aux questions métaphysiques les plus profondes, dont les solutions n'avaient pu être qu'à peine entrevues par le génie humain, par les Socrate, les Platon, les Aristote. L'intelligence est nécessairement créée par Dieu. Puisqu'il convient à l'âme raisonnable d'être faite, comme il lui convient d'exister substantiellement, et qu'elle ne peut être faite d'une matière préexistante, il est nécessaire, qu'elle ait été créée (1). Et, plus loin, on lit encore dans la Somme, que, l'âme intellectuelle étant une substance immatérielle et subsistante, qui a son existence propre, et qui doit être produite directement, elle est nécessairement créée par Dieu (2).

Saint Thomas donne deux arguments principaux de l'immortalité de l'âme : l'indissolubilité de l'âme, et la finalité.

Rien n'est corruptible dans l'âme, puisqu'elle ne renferme pas de contraires ; elle est immatérielle et incorruptible ; elle reçoit les espèces des choses d'une manière immatérielle, et elle a comme forme, l'être par elle-même. La compréhension ne s'exerce pas par un organe corporel, l'intelligence opère par elle-même (3).

L'appétit naturel de l'homme à la perpétuité de l'être ne saurait le tromper. Le désir d'immortalité, qui est au fond de tout être intelligent ne peut venir que de Dieu (4).

Saint Thomas assigne ainsi au principe de la raison humaine et une origine certaine, et une fin déterminée : l'âme pensante est l'œuvre de Dieu seul, et elle est créée pour l'immortalité. Le Christianisme ne laissait plus de doutes à ce sujet.

La *polémique anti-averroïste* soutenue par saint Thomas, lui permit aussi de fixer la nature de l'intelligence : sa substantialité, sa personnalité et son individualité.

---

(1) I, q. 90.
(2) I, q. 118-2.
(3) De anima, a, 14.
(4) I, q. 75-6.

Les averroïstes, ces aristotéliciens « rigides », comme les appelle le P. Mandonnet, qui visent moins à rechercher la vérité, qu'à déterminer l'opinion du philosophe, développent jusqu'au bout les principes d'Aristote, sans s'effrayer s'ils atteignent aux confins du phénoménisme ou du panthéisme. C'est contre ces logiciens intransigeants que Thomas d'Aquin fixe la nature de l'intelligence.

Les averroïstes voient dans l'opération de l'intelligence sa substance même ; avant d'entrer en acte, l'intelligence est une simple puissance, sans aucune actualité. Saint Thomas, au contraire, affirme la subsistance du principe des opérations intellectuelles, qui est doué d'une nature particulière, et d'une action propre (1). D'ailleurs l'essence de l'âme n'est pas sa puissance (2), car il n'y a pas d'opération dans l'âme, qui constitue sa substance. Les puissances de l'âme découlent de son essence ; elles sont ses propriétés naturelles. L'essence de l'âme est par rapport à ses puissances, à ses facultés, comme un principe actif et final. L'intelligence suit la destinée de l'âme ; elle s'y rapporte comme à son sujet. elle subsiste dans l'âme, après la destruction du corps ; elle est l'âme même, mais non pas en tant qu'elle est puissance de recevoir, mais en tant qu'elle est principe d'action, être en acte, forme subsistante d'elle-même.

Mais c'est sur la personnalité, sur l'individualité

---

(1) I, q. 75-2.
(2) I, q. 77.

du principe pensant que saint Thomas insiste le plus. Le Moyen-Age voyait dans cette question le plus grave problème, un problème dont les conséquences morales étaient considérables ; c'était là l'objet de la thèse principale de la psychologie averroïste. — Aristote n'avait pas laissé de solution certaine ; sa doctrine de l'intelligence séparée laissait libre cours aux interprétations.

Averroès déclare que l'intelligence est une puissance entièrement séparée de l'âme, et que l'intellect est un dans tous les hommes. L'homme n'a en lui que la disposition à être affecté par l'entendement actif. L'intellect en puissance résulte du contact de cette disposition avec l'intellect actif comme lumière (1).

Thomas d'Aquin poursuit cette doctrine d'attaques répétées. L'intelligence est une vertu de l'âme ; l'intellect constitue la forme même de l'homme, la différence spécifique de sa race, la marque propre de son individualité (2). Le philosophe en fournit des preuves nettes et distinctes.

Et cela, d'abord, pour l'intellect possible. Son unité est inconvenable. S'il n'y avait qu'un seul « intellect possible » en tous, ce que l'un comprendrait, l'autre le comprendrait. Et puis, ajoute St Thomas, toute forme ne demande-t-elle pas une matière déterminée, et tout moteur des instruments déterminés (3) ?

---

(1) Janet. — Histoire de la philosophie, p. 130.
(2) I, q. 76
(3) De anima, a, 3.

L'unité de « l'intellect agent » est tout aussi impossible. Cet intellect est une vertu de l'âme ; il y a autant d'intellects agents que d'âmes (1). Résolue rapidement dans la Somme théologique, la même question est très longuement débattue dans les « Questions disputées (2) ». St Thomas y énumère une longue suite d'arguments favorables à l'unité ; mais, fidèle à sa méthode, il ne laisse aucune objection sans la reprendre pour lui apporter quelque réponse. — En résumé, il y a, dans toute nature une double puissance ; et puis, dans l'hypothèse de l'unité de l'intellect agent, il n'y aurait pas de raisons que l'abstraction n'ait pas toujours lieu. L'intellect agent, qui fait passer les intelligibles à l'acte, est multiple comme le sont les corps et les âmes. Autrement que serait-il ? Une substance séparée ? Ou, Dieu même ? — Mais la béatitude humaine réside dans la plus noble opération, dans la compréhension, qui doit provenir de ce que notre intellect est uni à son principe actif. — Et puis, nous nous sentons abstraire ; il faut en nous un principe formel, un sujet.

L'ensemble de l'intelligence, comme chacun des deux intellects considérés à part, exige la multiplicité du principe pensant.

Comme il est impossible que plusieurs êtres soient numériquement différents, et qu'ils aient la même forme, de même... qu'ils n'aient qu'un seul être, il faut un principe pensant multiple comme

---

(1) I. q. 79. a. 5
(2) De anima, art. 5.

les corps. Autrement tous les hommes auraient la même compréhension relativement au même objet. S'il n'y avait qu'un entendement, les images diverses qui sont dans les individus ne pourraient produire la diversité d'activité intellectuelle qui existe entre eux. En effet, « dans le même intellect il ne s'abstrait des images diverses de la même espèce, qu'une seule espèce intelligible (1) ». De diverses images de la pierre, il ne s'abstrait qu'une espèce intelligible, par laquelle l'homme connaît immédiatement la nature de la pierre.

Le principe de la pensée est donc personnel et substantiel, il est distinct de l'intelligence divine, purement spirituelle. St Thomas l'a toujours soutenu contre les averroïstes.

Parmi les influences subies par St Thomas, directement ou non, se manifeste encore celle de *l'esprit augustinien* de la tradition théologique des débuts du xiiie siècle.

La psychologie d'Aristote n'avait pas assez fait de place aux facultés morales de l'âme intellectuelle, qui, cependant jouent leur rôle dans la connaissance humaine. On a pu reprocher (2) à Aristote de n'avoir vu dans la connaissance qu'une faculté de concevoir l'universel par induction, et d'avoir omis l'intelligence intuitive de Platon. On a accusé la philosophie péripatéticienne d'intellectualisme exagéré, et de contenir en germes le rationalisme.

La même hégémonie de l'intelligence se retrouve

---

(1) I, q. 76. — 2.
(2) Chauvet.

chez Thomas d'Aquin, mais elle est atténuée ; elle n'est nullement exclusive du rôle de la volonté. On sent l'influence platonicienne, se répercutant à travers St Augustin et le Christianisme. Dans l'augustinisme, il y a prééminence de la doctrine du bien sur celle du vrai ; il y a primauté de la volonté sur l'intelligence dans Dieu, et dans l'homme. L'homme atteint Dieu et sa fin par l'acte de volonté. La prééminence appartient à la vie affective.

St Thomas laisse la prépondérance à l'intelligence ; mais son action est limitée et son importance relative. Créée, elle est imparfaite dans l'homme, et nettement distincte de l'Intelligence divine. La raison n'est pas pour ainsi dire l'unique principe de la connaissance : la foi et la révélation, l'autorité et la tradition en sont d'autres modes. L'intuition (1) et le cœur (2) ont aussi leur rôle dans la connaissance.

Le souverain bien ne réside pas dans la seule raison. La vertu, dit St Thomas (3), étant ce qui rend absolument et actuellement bon celui qui la possède, et qui donne du prix à ses actions, il est impossible que l'intellect en soit absolument le sujet ; il ne peut l'être que parce qu'il se rapporte à la volonté, sujet de la vertu absolue. « On ne dit pas d'une manière absolue qu'un homme est bon, par là même que c'est un savant... »

L'homme n'atteint sa fin dernière, le bonheur,

---

(1) P. GAUDEAU. — *Le besoin de croire*, p. 31.
(2) P. SCHWALM. — *Le dogmatisme du cœur*, p. 39.
(3) I IIe q. 56, a. 3.

que par un acte de l'intelligence. « L'essence du bonheur consiste dans l'acte de l'intellect », la béatitude réside principalement dans l'opération spéculative de l'intellect, la plus excellente de l'âme, par laquelle l'homme communique avec Dieu, dans la contemplation (1). Mais, contrairement à ce que croyait Aristote, la vie contemplative ne se trouve pas uniquement dans l'intelligence (2). La perfection dernière de l'homme résulte de la connaissance d'une chose supérieure à l'entendement. Puisque la contemplation des sciences spéculatives ne peut aller plus loin que ne peut nous conduire la connaissance des choses sensibles, qui en est le principe, l'homme ne peut trouver le parfait et le souverain bonheur dans ces sciences ; elles ne peuvent en être qu'une participation. On ne saurait arriver par les choses sensibles à la connaissance des substances séparées, qui sont au-dessus de l'intellect humain. Aristote plaçait le bonheur en cette vie, et parlait de la félicité imparfaite d'ici-bas. La contemplation des sciences spéculatives fait passer l'intelligence à l'acte, mais ne l'élève pas à son acte dernier et complet. La vérité essentielle, objet suprême de la raison ne se rencontrant pleinement qu'en Dieu, la dernière perfection de l'entendement ne se réalise qu'en lui. Le bonheur de l'homme n'existe réellement que dans la vision de l'essence divine même. La béatitude requiert la vision, qui est la connaissance parfaite de notre fin

---

(1) I II. q. III, a. 4.
(2) II IIe q. 90.

dernière et intelligible, et la compréhension de cette fin, avec la jouissance, qui implique le repos du sujet qui aime dans l'objet aimé (1). La béatitude suppose à la fois le plein épanouissement de l'intelligence et de la volonté ; elle ne satisfait pas seulement toutes les aspirations de la raison, mais elle comble le vide du cœur. Dieu est autant et plus amour, que vérité pure.

L'homme ne doit pas seulement tendre à sa fin suprême avec son intelligence et sa raison, mais avec sa volonté et son cœur, avec toute son âme.

§ III. — Sous l'influence augustinienne, saint Thomas n'a pas seulement étendu le rôle des facultés morales dans l'âme intellectuelle ; Thomas précise encore le rôle propre, et les rapports des deux intellects entre eux ; il diminue l'opposition et l'hétérogénéité des deux intellects.

I. — *La nature* de *l'intelligence passive* est tout d'abord mieux déterminée que chez Aristote.

1. — L'intellect passif *ne participe pas*, en quelque façon, *de la matière* ; il ne lui emprunte pas sa nature corruptible. Il n'est matière à aucun titre.

La sorte d'antagonisme, qui existe dans la doctrine d'Aristote entre les deux intellects, l'intellect matière, et l'intellect forme, résulte peut-être, en partie d'une application un peu stricte de la théorie générale de la matière et de la forme. On constate chez Aristote un certain manque d'unité dans l'intelligence, une certaine hétérogénéité de nature, et,

---

(1) I II* q. IV, a. 3.

d'autre part l'activité intellectuelle est restreinte ; il n'y a guère dans l'âme de mouvement spontané et immanent. Une comparaison empruntée au monde physique ne saurait être reproduite sans une grande réserve dans la sphère de la psychologie. La matière et la forme sont les éléments constitutifs d'un composé physique ; ces termes expriment des rapports réels existant dans des objets corporels. Or l'intelligence est une faculté spirituelle, dans laquelle on ne peut introduire ces relations physiques que par analogie. On pourra ainsi voir dans l'intelligence, comme dans les corps, un élément déterminé, et un élément déterminant ; l'élément déterminé sera comme la matière, et en tiendra la place, l'élément déterminant sera comme la forme, il en jouera le rôle.

Peut-être cette analogie a-t-elle été quelque peu exagérée chez Aristote ; peut-être a-t-elle influé sur sa conception de la nature de l'intellect passif, qu'il a cru périssable, comme s'il participait réellement de la matière. Mais cette comparaison propre à expliquer le jeu de l'intelligence, son mécanisme logique ne saurait éclairer la nature des deux facultés intellectuelles.

Du rôle de matière joué dans l'intelligence par l'intellect passif, il ne faut pas conclure qu'en tant qu'il communique avec la matière, cet intellect est quelque chose de la matière, qu'il est périssable et inerte.

Les incertitudes d'Aristote sur la nature de l'intellect passif ont peut-être une cause plus générale. L'abime était trop profond chez les Grecs entre la matière et l'esprit. On a dit, qu'ils n'avaient pas trouvé de solution suffisante pour expliquer les rapports de ces deux éléments (1).

L'intelligence pure, Dieu ne connaît pas la matière. L'intellect actif n'a qu'une connaissance théorique, et n'embrasse que l'abstrait; seul l'intellect passif reçoit de la matière les intelligibles; communiquant à la matière, il est d'ordre inférieur, il tient à la matière. De ce fait suit-il nécessairement que l'intellect passif est en quelque façon matériel? Mais alors l'intelligence est une faculté hétérogène, c'est une faculté indéterminée, et très réduite.

Au contraire pour Thomas d'Aquin, l'intelligence même supérieure n'est pas incapable de communiquer avec la matière. L'intelligence pure connaît la matière. Dieu ayant l'omniscience (2), saisit les singuliers selon leur nature propre. Il ne les connaît pas de la manière dont l'homme les perçoit, en formant divers concepts; l'intelligence divine embrasse toutes les substances et tous les accidents, comme son essence.

L'intelligence unie au corps, forme du corps humain, a pour objet propre l'abstrait, l'universel. L'origine étymologique du mot montre bien qu'elle vise à la connaissance du fond des choses (*intus legere*), de l'essence (3). L'intellect a pour objet le nécessaire, il fait abstraction du temps et de toutes les autres conditions de la matière. Les choses contingentes

---

(1) MANDONNET. — Siger de Brabant (161).
(2) Quest. disput. — De scientia Dei.
(3 Quest. disput. — De veritate a. 12.

sont connues directement comme telles par les sens et l'intellect ne connaît directement en elles, que ce qu'il y a d'universel et de nécessaire (1). L'assimilation, condition de la connaissance, est impossible entre l'esprit et la matière ; il en est de même de l'abstraction, les objets matériels ne pouvant être séparés par l'esprit de la matière (2). L'entendement humain ne comprenant, qu'en faisant abstraction de la matière, ne perçoit donc pas directement les objets en particulier ; mais il les connaît indirectement, par une sorte de réflexion. « Après que l'intellect a abstrait les espèces intelligibles, dit saint Thomas, il ne peut avec elles comprendre en acte, qu'en recourant aux images sensibles dans lesquelles il comprend les espèces intelligibles elles-mêmes. »

La connaissance de la matière n'est nullement pour l'intelligence un signe de déchéance, ou d'imperfection. Elle n'en conserve pas moins toute sa pureté. L'intelligence, selon Thomas, ne participe par aucune partie de la nature de la matière. Elle n'est pas localisable. « Il y a certaines puissances de l'âme qui sont en elle précisément parce qu'elle surpasse la capacité totale du corps ; telles sont, par exemple, l'intelligence et la volonté. On ne peut pas dire que les facultés de cette nature soient dans aucune partie du corps (3) . » L'intelligence manque donc d'une qualité essentielle à la matière, l'éten-

---

(1) I, q. 86.
(2) De mente, a. 4.
(3) I, q. 76. a. 8.

due. Saint Thomas ne voit d'ailleurs pas dans les intellects deux facultés de nature différente ; il affirme l'intelligence immatérielle, sans distinctions ni restrictions (1). Il donne spécialement comme incorruptible l'intellect passif (2).

2. — Etranger par nature à la matière, *l'intellect passif se distingue nettement de l'imagination*. La Somme contre les Gentils tranche définitivement la question laissée pendante par Aristote, elle oppose nettement ces deux facultés l'une à l'autre (3).

L'imagination est commune à l'homme et à l'animal ; l'intelligence est le privilège de l'homme. Leur objet diffère : l'imagination élabore des éléments corporels et singuliers ; l'intelligence s'attache à l'universel et à l'incorporel. Les images, d'autre part, meuvent l'intellect possible ; or, le moteur et le mobile ne peuvent être la même chose. L'imagination, enfin, a un organe corporel déterminé ; l'intelligence au contraire, n'est pas l'acte de quelque partie du corps.

L'intellect passif ainsi dégagé de la matière, et distingué clairement de l'imagination, Thomas d'Aquin *en modifie le rôle, et le rang*.

L'intellect possible n'a plus seulement pour fonction de devenir la forme des sensations et des images, de fournir à l'intellect actif l'objet de la connaissance, *il connaît par lui-même*. L'intellect possible, dit saint Thomas (4), d'abord passif, reçoit les espèces

---

(1) De anima. 14.
(2) I, q. 79. a. 2
(3) Gentils, l. II, ch. LXVII.
(4) I, q. 85 ; 2.

intelligibles; puis, « une fois qu'il les a reçues, il les définit, les divise et les assemble; il exprime toutes ces choses par le langage ».

Devenu puissance de connaître, l'intellect passif semble alors devoir l'emporter en perfection sur l'intellect actif. Et, en effet, saint Thomas ne le présente plus comme étant subordonné, postérieur et inférieur à l'autre intellect. On a même pu écrire (1): « Saint Thomas préconise surtout l'intellect possible, le choisit pour constituer la personnalité humaine, pour distinguer l'homme de l'animal, pour correspondre avec les anges et Dieu dans la vision béatifique... » Du rôle joué par l'intellect passif dans la connaissance, on peut conclure à sa *prépondérance*. Comme on l'a remarqué (2), l'acte de la connaissance même, réalisé par l'intelligence passive, est plus parfait que la simple production de l'espèce impresse, fonction à laquelle saint Thomas réduit le rôle de l'intellect actif. L'opération de l'entendement agissant n'est qu'une condition de la perfection intellectuelle; elle supplée à la fois à un défaut de disposition de l'objet et à une imperfection de nature chez l'homme. L'intelligence divine n'a pas d'intellect agent. L'intelligence passive doit donc devenir supérieure et même prépondérante chez saint Thomas.

Peut-être pourrait-on trouver dans cette importance donnée à l'intellect passif par Thomas, une trace, un vestige, des doctrines augustiniennes.

---

(1) COMBES. — La psychologie de saint Thomas.
(2) P. PEILLAUBE. — Cours de psychologie.

Chez Augustin, en effet, l'âme intellectuelle passive est immortelle, et constitue, contrairement à l'opinion d'Aristote, la partie essentielle de l'homme.

II. — Les modifications apportées par saint Thomas à la psychologie et à la métaphysique de l'intellect passif ont naturellement leur répercussion dans la doctrine de l'intellect actif. Le rôle en est aussi précisé ; il est restreint et diminué. *L'intellect actif* ne fait *plus que préparer la connaissance.* Il est à la fois source de *lumière* et *princip   .bstraction.* Il illumine les représentations de magination et engendre dans la faculté réceptive de l'entendement des formes intelligibles, des similitudes, qui représentent d'une façon immatérielle les données sensibles de l'imagination.

La lumière de l'intellect agent tire son origine première de Dieu (1). Elle révèle un reflet d'une pensée plus haute. L'entendement actif est une impression de la lumière divine (2). C'est une activité innée, nécessaire, spontanée. C'est une sorte d'instinct, de force fatale. Cette « conversion de l'entendement... est... une direction de la vie supérieure vers l'image, par une attention intellectuelle, dont nous n'avons probablement pas conscience en elle-même, mais qui suit une tension générale de l'être... (3) ». Ce pouvoir d'analyse « n'est pas proprement notre faculté pensante, celle qui opère l'acte d'entendre les choses ; il ne se connaît pas non plus lui-même... (4) ».

---
(1) *De Mente,* a, 6.
(2) Gardair. — La connaissance.
(3) Gardair. — La connaissance, p. 154.
(4) Gardair. — Idem., p. 270.

On pourrait retrouver dans cette conception de l'intellect actif la double influence d'Augustin et d'Aristote. D'après Augustin, l'intelligence humaine opère sous l'action illuminatrice et immédiate de Dieu. Aristote voyait, d'autre part, dans l'intellect actif, un pouvoir d'abstraire, et une faculté divine, séparée, indestructible; c'était une force, ressemblant à la lumière, manifestant l'intelligence, quoique ce ne soit probablement pas un simple rayonnement divin.

L'intellect agent, dans la psychologie thomiste, ne conçoit donc plus : il rend simplement l'objet assimilable par la puissance cognitive de l'entendement (1). Il cesse d'être une faculté supérieure, et le cède en importance à l'intellect passif: quoique le moteur semble l'emporter sur le mobile, et qu'à ce titre l'intellect agent devrait être considéré comme plus important que l'intellect possible, néanmoins, c'est dans l'acte suprême de la connaissance même que réside l'opération intellectuelle la plus parfaite ; ce doit être, pour saint Thomas, contrairement à ce qu'en pensait Aristote, dans l'intelligence passive.

C'est donc ce qu'Aristote avait fixé avec le plus de précision dans le fonctionnement des deux intellects, qui a été conservé dans la théorie thomiste : l'intellect passif reste une puissance « informée », et l'intellect actif une force capable « d'informer ». Mais l'ordre d'importance des deux intellects étant

---

(1) Mgr Mercier. — Psychologie.

renversé, et leurs qualités spécifiques en partie interverties, il semblerait que la distance, qui séparait ces deux facultés chez Aristote, eût dû être maintenue. C'est une illusion.

§ IV. — *Les deux intellects* sont *rapprochés par Thomas d'Aquin.* On ne trouve plus entre eux ni incohérences apparentes, ni oppositions de nature. Il n'y a plus de caractères contraires dans les deux intellects. *Ils n'ont plus d'attributs opposés.* L'intelligence cesse d'être en partie périssable, en partie éternelle; ses facultés ne sont plus antérieures ou postérieures entre elles.

On ne trouve plus les relations de matière et de forme entraînant dans l'intelligence des différences de nature. Cette analogie n'a pas été poussée par saint Thomas assez loin pour lui faire identifier, ou du moins participer, avec la matière, l'un des intellects.

Les *fonctions de puissance et d'acte*, remplies par les deux intellects *ne constituent pas non plus les qualités absolument propres et exclusives.* L'intellect possible n'est pas une pure puissance; il n'est pas entièrement semblable à la cire molle qui reçoit l'empreinte du cachet, en qui s'imprime la forme. Quand l'intellect agent a produit en lui l'espèce intelligible, l'intellect possible mis en acte par cette espèce, connaît, il conçoit; son activité immanente s'exerce.

L'intellect actif n'est pas non plus acte pur. N'est-il pas d'abord en puissance à l'égard des formes sensibles? Il reçoit leur impulsion avant de les transformer. Il n'exerce pas toujours son activité ;

autrement il perdrait toute personnalité et deviendrait une force divine.

Les deux intellects *ne paraissent* d'ailleurs *pas être substantiellement distincts* (1). Rien n'empêche, dit saint Thomas, que quelque chose soit en puissance selon quelque chose, et, en acte selon autre chose. L'air est humide en acte et sec en puissance. Les qualités essentielles des deux intellects leur sont communes : tous deux sont également séparés du corps, et inorganiques, simples et sans composition, impassibles et incorruptibles.

Les efforts de Thomas d'Aquin, ses précisions psychologiques et ses certitudes métaphysiques tendirent donc à mieux déterminer, à fixer et à éclairer l'*unité* de l'intelligence, dans sa nature et dans ses facultés, et à en faire ressortir l'*activité*.

I. — Y a-t-il dans l'âme pluralité de formes ? Y a-t-il dans l'homme d'autres âmes essentiellement distinctes de l'âme intellectuelle ? St Thomas avoue que « à l'égard de l'âme intellective, Aristote ne décide pas si elle est séparée des autres parties de l'âme seulement rationnellement, ou si elle l'est localement ». Les averroïstes prétendaient interpréter fidèlement le philosophe en attribuant un sujet propre à l'âme intellectuelle, et, en la distinguant de l'âme végétative et de l'âme sensitive.

La dualité de facultés autonomes, distinctes, opposées de nature, appelées à des destinées différentes, présente chez Aristote un caractère absolu ;

---

(1) S. Gentils, II, 77.

les deux intellects sont aussi irréductibles l'un à l'autre par leur nature psychologique, que par leurs fonctions logiques.

L'opposition qu'Aristote établit entre la raison théorique et la raison pratique ne permet pas de discerner sûrement, si ce ne sont pas deux facultés rationnelles distinctes.

St Thomas s'efforce longuement d'établir *l'unité de l'intelligence*. Il semble qu'il ait la préoccupation de réduire au minimum le nombre des facultés distinctes dans l'âme, et de mettre en lumière l'homogénéité des facultés intellectuelles. Il montre l'influence réciproque des diverses facultés. Elles sont ordonnées entre elles (1) ; les puissances de l'âme les premières sont les principes des autres, et leur servent de fin et de principe actif. Les sens sont faits pour l'intelligence ; ils en sont la participation défectueuse (1). Et l'intelligence les suppose : « l'âme intellectuelle possède la faculté sensitive de la manière la plus complète, parce que les facultés de l'être inférieur préexistent toujours plus parfaitement dans l'être supérieur... (2) ». Il n'y a *pas discontinuité entre les facultés de l'âme*. Le mouvement des forces sensitives se termine à l'esprit (3). Il y a « une certaine continuité de l'intelligence à l'imagination (4) ». «... La partie sensitive est ennoblie par suite de son union avec l'intellect (5). » Mais, dans la connaissance, chaque faculté

---

(1) I, q. 77 ; 7.
(2) I, q. 76, a. 5.
(3) De mente, a. 5.
(4) De scientia Dei, a. 6.
(5) I, q. 85. Rép. 4.

collabore à la fin unique, selon sa fin particulière.

S'il y a des rapports aussi étroits, une continuité aussi parfaite, et une influence réciproque entre les facultés de connaître d'ordre sensible, et celles d'ordre intellectuel, quelle homogénéité ne doit-on pas rencontrer dans la personne raisonnable, et dans l'intelligence proprement dite ?

On peut constater une unité réelle dans la personne raisonnable. Le principe pensant, différence spécifique de l'homme, est uni au corps comme sa forme (1). Et l'âme, forme du corps est une. Il n'y a pas trois âmes dans l'homme (2). L'âme intellectuelle remplit aussi les fonctions d'âme sensitive, et d'âme végétative. *Forme substantielle, l'âme intellectuelle est nécessairement unique* (3). Elle contient virtuellement l'âme sensitive, l'âme nutritive, et toutes les formes inférieures, et produit à elle seule ce que les formes plus imparfaites engendrent dans les autres êtres. «... Dans l'homme, dit St Thomas, l'avènement d'une forme plus parfaite n'a lieu qu'autant que la forme antérieure se corrompt, de telle sorte que la forme nouvelle comprend tout ce qui était dans l'ancienne et quelque chose de plus (4). » Et St Thomas, croyant à une substitution d'âmes ajoute : «... l'âme préexiste dans l'embryon ; au début elle est nutritive, elle devient ensuite sensitive et enfin elle est intellective ».

---

(1) I, q. 76.
(2) S. phil. 58.
(3) I, q. 76, a. 4.
(4) I, q. 118 — 2.

Le principe pensant constitue donc seul la personnalité humaine, l'être raisonnable. Thomas d'Aquin reconnaît la même tendance à l'unité dans la puissance intellectuelle.

Les différences d'objet et de fin, dans la connaissance intellectuelle ne révèlent pas l'existence d'une pluralité de facultés.

Selon la nature de l'objet, il y a deux opérations intellectuelles distinctes. Ce qui est général, comme les essences, est appréhendé par l'esprit ; telle est la connaissance des premiers principes. A côté de l'appréhension il y a la composition et la division, en qui semblent se résumer toutes les autres opérations intellectuelles, opinion, raisonnement..(1). Ce qui est particulier, les singuliers ne sont connus qu'indirectement, par une sorte de réflexion (2). Mais réflexion, raisonnement, appréhension, connaissance du singulier, ou de l'universel, médiate ou immédiate, *quelle que soit la forme de l'opération intellectuelle, c'est toujours l'acte d'une seule et même faculté.* St Thomas établit que la raison supérieure et la raison inférieure ne sont pas diverses puissances (3). Aristote pensait que le nécessaire et le contingent se rapportaient à deux parties différentes de l'âme. Thomas d'Aquin montre que c'est toujours la raison qui agit, qu'elle s'élève par un acte d'une nature supérieure, par la sagesse à la contemplation des choses éternelles, ou qu'elle s'adonne simple-

---

(1) De veritate, art. 12.
(2) De scientia Dei, a. 6. — I, q. 86.
(3) I, q. 79. — a. 9.

ment par la science aux choses temporelles. Il n'y a qu'une seule et même puissance ; seuls les actes et les habitudes sont différents. En général, il est vrai, la diversité des puissances se manifeste par les actes et les objets. Mais l'âme immatérielle n'étant pas déterminée, on n'y peut distinguer diverses puissances selon les natures des objets, mais selon les rapports de l'objet, selon, par exemple sa bonté et sa vérité. C'est selon cette relation que la même raison sera appelée supérieure, ou inférieure (1). Or, l'intelligence connaît le contingent et le nécessaire sous le même rapport, sous le rapport de l'être et du vrai. Mais le premier est imparfait, et l'autre est parfait. «... Le parfait et l'imparfait en acte ne diversifient pas les puissances, qui s'y rapportent... »

La raison n'est pas une faculté distincte de l'intelligence (2). L'intelligence est l'appréhension d'une vérité intelligible. Le raisonnement est un mouvement d'un objet compris vers un autre à connaître. La même puissance (3) est appelée intelligence, ou raison, selon qu'elle connaît absolument la vérité, qu'elle l'appréhende parfaitement, ou qu'au contraire elle a besoin de faire un détour pour connaître. L'intelligence peut être considérée comme une puissance au repos. La raison exprime cette même puissance en mouvement ; elle désigne la connaissance progressive de l'âme humaine.

---

(1) I, q. 15.
(2) I, q. 79. — 8.
(3) I, q. 15.

L'intelligence n'est pas non plus une puissance distincte de l'intellect : elle en est comme l'acte (1).

La divergence des fins dans les opérations intellectuelles ne suffit pas plus que celle de l'objet, ou du mode d'activité, pour engendrer une pluralité de facultés.

La connaissance et l'action peuvent être poursuivies par la même faculté. L'entendement spéculatif perçoit, l'entendement pratique meut (2). La fin seule diffère. L'objet perçu est accidentellement destiné à une œuvre, ou non. C'est l'intellect spéculatif qui devient par extension intellect pratique. L'essence de l'acte ne change pas. La vérité est poursuivie par le même entendement.

L'inclination au bien que Thomas appelle la « syndérèse » n'est pas une puissance distincte ; c'est une habitude naturelle.

La conscience morale, que St Thomas attribue à l'entendement est un acte. Par elle l'homme applique ce qu'il sait à ce qu'il fait. L'action vertueuse est commandée par la raison.

Que le principe pensant, que l'âme rationnelle de l'homme, soit appelée, selon les points de vue sous lesquels on l'envisage, raison supérieure ou inférieure, intelligence spéculative ou pratique, intelligence ou raison, jamais ces termes différents ne désigneront autre chose qu'une opposition dans la nature de l'objet, dans la fin poursuivie, dans le

---

(1) I, q. 79. — 10.
(2) I, q. 79. — a. 11.

mode de l'action ; jamais ils ne porteront atteinte à l'unité de la faculté intellectuelle.

Une seule source de division semble avoir subsisté dans la psychologie thomiste de l'intelligence, saint Thomas conserve les deux intellects, et il assigne à chacun d'eux un rôle propre. Mais il n'y a plus entre eux aucune opposition de nature. Peut-être n'est-on pas obligé de considérer les deux intellects de Thomas d'Aquin au sens aristotélicien, comme deux facultés. « La Somme » paraît autoriser à voir dans l'intellect agent simplement une vertu, une propriété d'abstraction, différente de la vertu réceptrice (1), mais pouvant cependant se rapporter à la même puissance de comprendre. Les deux actes intellectuels, l'abstraction préliminaire, et la connaissance même, concourant à une unique compréhension (2), ont pour principe un sujet unique, l'intelligence. La psychologie thomiste ne permet-elle pas de se représenter l'intelligence, comme une seule puissance cognoscitive, dont les pouvoirs de transformation, de réceptivité, d'assimilation et d'expression, traduisent l'activité, multiple dans ses objets, mais unique dans sa source ? On pourrait trouver dans la même puissance intellectuelle, dans la même faculté de connaître trois états divers : la puissance, l'habitude et l'acte.

Comme puissance pure, l'intelligence ne contient encore aucun élément de connaissance, elle ne ren-

---

(1) I, q. 79. a. 4.
(2) De anima, 4.

ferme aucune forme. La mémoire conserve les espèces intelligibles ; tout ce qui est dans l'esprit, sans être l'objet positif d'une compréhension actuelle, est dans la mémoire. La mémoire est une connaissance habituelle ; elle est l'intelligence même, imparfaitement à l'acte ; c'est, en quelque sorte, un état intermédiaire entre la pure puissance et l'acte pur. La mémoire n'est donc pas une puissance distincte de l'intelligence (1). Enfin à l'acte, l'intelligence s'assimile pleinement les données, qu'il lui a d'abord fallu acquérir, elle en prend entièrement conscience, et les exprime en concepts.

Ces divers états de puissance, d'habitude et d'acte peuvent d'ailleurs se succéder sans intervalle de temps appréciable. L'abstraction et la conception sont des opérations simultanées. Elles désignent le jeu d'une *puissance unique*. Thomas d'Aquin énonce clairement que, dans l'âme intellectuelle, à côté de la volonté, affective ou motive, il n'existe pas d'autre puissance que l'intelligence (2).

Peut-on affirmer avec la même certitude que cette puissance cognoscitive unique, ne laisse pas place à deux facultés distinctes ? Il semble qu'on pourrait voir dans l'intellect agent une vertu de la puissance intellectuelle, sans l'ériger en faculté distincte. Néanmoins saint Thomas n'a *pas établi l'unité de l'intelligence comme faculté*, mais seulement comme puissance cognoscitive. Et on peut voir dans les

---

(1) De mente, a. 3.
(2) De mente, a. 3.

deux états de l'intelligence, dans l'abstraction, et dans la conception, deux facultés distinctes quoique de même substance.

II. — *L'activité de l'intelligence* apparaît aussi plus nettement chez saint Thomas que dans la philosophie d'Aristote.

C'est une faculté essentiellement active, saint Thomas affirme formellement que cette activité est immanente (1) au sujet. L'intellect possible n'est nullement dépourvu de cette action immanente. *L'activité de l'intelligence est totale.* La puissance intellectuelle n'est cependant pas chez l'homme un acte pur. Penser, c'est toujours éprouver quelque chose, c'est un passage de la puissance à l'acte, sans que l'intelligence soit pour cela une faculté purement latente.

Il n'y a même plus, en un sens « d'intellect passif » dans l'intelligence proprement dite : c'est « l'intellect possible », qui s'oppose à « l'intellect actif ». « L'intellect passif », au sens strict du mot, semble plutôt s'appliquer à ce que saint Thomas appelle la « cogitative (2) » ou « la raison particulière », « l'opinion ». L'opinon réside dans la partie sensitive de l'âme. Ce n'est pas une faculté propre à l'homme. Elle « sert à percevoir les intentions qui ne tombent pas sous les sens ». Cette « raison particulière » « perçoit les intentions individuelles et les compare, comme la raison intellectuelle compare les inten-

---

(1) I, q. 76. a. 1, et I, q. 87, 3.
(2) Combes. — La psychologie de saint Thomas.

tions générales et universelles ». C'est un sens intérieur de l'utile (1), et une puissance intermédiaire entre les sens et l'esprit (2). La cogitative a, dit saint Thomas, un organe déterminé. Elle paraît être une certaine habitude naturelle (3). On attribue aux scolastiques l'invention de cette faculté (4), dont la fonction était remplie, chez Aristote, par l'opinion, faculté intellectuelle.

Il n'y a donc pas dans l'intelligence de faculté purement passive ; et l'activité qui l'anime est immanente.

L'activité de l'intellect agent est personnelle. Principe d'abstraction, et foyer de lumière, l'intellect puise en lui-même sa force ; il est individuel et ne reçoit pas son énergie du dehors.

Et, contrairement peut-être à ce que pensait Aristote, l'intellect possible est doué lui aussi d'activité personnelle. C'est lui qui connaît. Mis en mouvement par l'espèce, abstraite par l'intellect actif, il la reçoit, puis, réagissant, il l'exprime, il la traduit en pensée, il engendre un concept. D'ailleurs, par le seul fait que les deux intellects ont une même substance commune, il semble qu'ils doivent tous deux en quelque sorte participer à l'activité intellectuelle totale. Le pouvoir moteur de l'âme rationnelle meut tour à tour les deux intellects, qui passent successivement par les deux

---

(1) I, q. 78. 4.
(2) De mente, a. 5.
(3) I. q. 15.
(4) COMBES.

états de puissance et d'acte. Cette activité de la pensée constitue dans la connaissance la part du sujet, qui s'ajoute à celle de l'objet (1).

L'activité des deux intellects n'est d'ailleurs pas la même. Tandis que Aristote semblait concentrer toute l'activité, peut-être impersonnelle, dans *l'intellect agent*, saint Thomas ne voit dans cette faculté qu'une *activité* purement *initiale* et *transitoire*, puisqu'elle prépare seulement l'intelligence à recevoir les matériaux nécessaires à la connaissance. C'est une *force inconsciente, instinctive*. Au contraire, l'intellect possible loin d'être une pure faculté réceptive et passive, est doué d'activité, et d'une activité bien supérieure, d'une activité consciente. Elaborant les concepts, il constitue la faculté intellectuelle par excellence, il pense.

---

(1) De mente, a, 6.

CHAPITRE III

CONCLUSION.

§ I. — Au point de vue de l'activité, comme à celui de la nature intime des facultés intellectuelles, saint Thomas paraît, *en résumé,* tendre à établir *l'harmonie* et *l'homogénéité dans l'intelligence.* Aristote avait très bien observé cette faculté. Cependant après l'avoir examinée de très près, peut-être aurait-il pu l'envisager de plus loin. Comme on l'a dit « le réel, frappé, rend un son sous sa main. Il s'y attache, s'y complaît, s'y oublie, et, avec le pouvoir de s'élever plus haut, reste par préférence sur la terre (1) ». Thomas considéra peut-être l'intelligence d'un point de vue plus élevé ; peut-être eut-il ainsi des phénomènes intellectuels une meilleur vue d'ensemble, qui lui permit de les dominer et d'en mieux pénétrer le fond, et l'union intime. Aussi n'ajouta-t-il guère ou peut-être pas, à la mécanique de l'intelligence, à la théorie de la connaissance, à la logique de l'esprit, à tout ce qui constitue le jeu des phénomènes intellectuels. Mais saint Thomas précisa, et éclaira d'une lumière

---

(1) CHAUVET. — L'entendement humain.

toute nouvelle ce que la raison humaine cache de plus profond et de plus intime, la nature métaphysique de l'intelligence.

Aristote était médecin; il avait surtout considéré la raison en naturaliste. Thomas d'Aquin ce « génie extraordinaire par son universalité et sa rigueur, le syllogisme fait homme (1) » qui, retournant les questions sous toutes les faces, poursuit de ses efforts la synthèse de la science grecque et de la théologie chrétienne, ne craint pas d'éclairer le problème des certitudes de la foi ; et par là il y a progrès dans sa théorie de l'intelligence. Aristote a déterminé surtout les phénomènes naturels de l'intelligence, son rôle, ses fonctions et ses facultés. Thomas d'Aquin en a donné la *métaphysique :* il a *précisé l'unité,* la *personnalité,* la *substantialité,* l'*activité immanente,* et l'*immortalité* de la raison humaine. Il a montré une œuvre vraiment divine dans l'intelligence, dont la philosophie purement rationnelle et laïque d'Aristote avait sû donner une idée déjà si haute.

Ainsi interprétée et éclairée, simplifiée et complétée par saint Thomas, la théorie de l'intelligence d'Aristote ne laisse presque plus rien à désirer. Et l'on peut répéter avec un philosophe contemporain. « Le fond du système, en ce qui concerne l'activité de l'intelligence et la formation de nos conceptions intellectuelles, satisfait aux plus sévères exigences de la raison (2) ». Un seul regret

---

(1) PENJON. — Histoire de la philosophie.

(2) COMBES. — La psychologie de saint Thomas.

pourrait peut-être être formulé : saint Thomas n'aurait-il pu, rapprochant davantage encore les deux intellects, qu'Aristote avait tant séparés, ne voir entre eux, comme Duns Scott, qu'une distinction purement formelle. Il n'y aurait réellement plus eu alors qu'une seule faculté intellectuelle, susceptible d'être envisagée au point de vue de la production de l'espèce, ou à celui de la conception.

§ II. — La psychologie thomiste de l'intelligence n'offre donc pas seulement un intérêt purement historique. C'est d'elle que doit s'inspirer, quiconque veut essayer de sonder les mystères de l'intelligence humaine. Aussi est-ce en résumant ses conclusions générales, que nous allons essayer de tracer en quelques traits le tableau de l'activité intellectuelle.

L'intelligence humaine produit le concept, l'idée générale. Toute idée est universelle. Alors que les sensations, et les images sont toujours particulières, individuelles, l'intelligence s'élève spontanément au-dessus de tout ce qui est sensible, passager et concret ; elle nous transporte d'un bond dans le domaine de l'absolu. « Imaginer le triangle, dit Bossuet (1), c'est s'en représenter un d'une mesure déterminée, et avec une certaine grandeur de ses angles et de ses côtés ; au lieu que l'entendre, c'est en connaître la nature, et savoir en général que c'est une figure à trois côtés, sans déterminer au-

---

(1) De la connaissance de Dieu et de soi-même, ch. I, 9.

cune grandeur ni proportion particulière. » Et
« toutes nos idées prises en elles-mêmes sont universelles (1) ». L'idée singulière ne semble être au fond qu'une combinaison d'idées générales (2). La notion de Socrate, par exemple, comprend les idées du Grec, du philosophe, de l'homme vertueux... auxquelles on associe l'image d'un homme très laid.....

L'intelligence n'atteint pas, comme les sens, les réalités concrètes elles-mêmes, telles qu'elles sont individuées par la matière. «... Les sens, dit Leibniz (3), ne donnent jamais que des exemples, c'est-à-dire des vérités particulières, ou individuelles. » L'intelligence, au contraire, atteint l'essence même, la nature des êtres ; elle dégage des caractères sensibles et passagers, elle isole l'élément commun et permanent, qu'elle exprime par l'idée.

Mais comment l'intelligence engendre-t-elle des notions si différentes des sensations et des images. L'analyse de l'idée peut nous révéler la manière de procéder de l'esprit humain.

Les deux propriétés fondamentales de toute idée générale sont la compréhension, et l'extension.

La compréhension est la somme des qualités constitutives d'un concept ; c'est un élément objectif et réel, fourni par la nature. L'esprit l'obtient par *soustraction*, par exclusion, par diminution de la compréhension des singuliers, par l'élimination des

---

(1) Bossuet. — Logique; éd. Pagès, p. 345; prop. VII.
(2) *Idem;* prop. V. et P. Sortais, Psychologie, p. 306.
(3) Leibniz. — Nouveaux Essais sur l'entendement humain, préface.

caractères concrets, accidentels. L'universel a moins de propriétés, moins de qualités que le particulier. Ainsi la notion de mortel, formée par l'exclusion de tous les individus, qui rentrent dans sa constitution, a moins de qualités que tel individu, que Pierre par exemple. L'essence a été dépouillée des caractères particuliers, qui l'enveloppaient.

Cette soustraction des éléments accidentels s'opère par l'*abstraction*, qui « consiste à distinguer l'essentiel de l'accidentel, le nécessaire du contingent, la raison du fait, l'être du phénomène (1) ».

L'extension est une relation, un rapport de contenance, fondé dans la réalité, mais créé par l'esprit ; elle fait connaître la quantité, la classe, la catégorie de sujets enveloppés dans telle idée générale. Envisagé à ce point de vue le concept est indéfiniment *multipliable*. Il exprime alors l'essence comme commune à tous les individus du même genre. Cette aptitude du concept à être communiqué, multiplié sans limites est le fruit de la *généralisation*. Elle soustrait en quelque sorte le concept aux limites de l'espace et du temps, pour le rendre réalisable partout, et toujours.

Ainsi dépouillée de tout élément relatif et particulier, contingent et matériel, l'idée nous apparaît comme une notion absolue et universelle, nécessaire et immatérielle.

Le concept est indéfiniment *multipliable*, c'est un produit de la *généralisation ;* il est quelque chose

---

(1) P. Peillaube. — Revue de philosophie, août 1902.

de *commun,* il est dépourvu de toute individualité propre ; son impersonnalité est le fruit de l'*abstraction.*

L'analyse de l'idée nous révèle donc les deux grands *procédés* de la *conception,* de la première opération de l'esprit, qui, avec le *jugement* et le *raisonnement* qui la suivent, constitue toute l'activité intellectuelle. Mais quelle est la nature même de cette activité ?

Tout mouvement est un passage de la puissance à l'acte ; tout mouvement suppose une passion, et une action, un réceptacle et une force productrice, un mobile et un moteur. Ce qui est en mouvement implique à la fois l'aptitude à être mu, et la force de réagir. Se mouvoir, c'est recevoir de l'activité, et c'est aussi en donner ; cela indique que l'on est patient, et que l'on est agent. Souffrir et produire sont deux états différents, mais ils ne s'excluent pas dans le même sujet, et l'hypothèse de deux intellects, l'un passif, l'autre actif ne paraît pas indispensable. L'intellect passif et l'intellect actif, ne constituent, semble-t-il, qu'un seul et même intellect. Vis-à-vis du même objet l'intellect est passif ou actif, selon qu'on l'envisage avant, ou après la conception. L'intelligence est même à la fois à l'état de puissance, et à l'état d'acte, pour des objets différents ; elle peut être en acte pour tel objet, et en puissance pour tous les autres.

L'*unité* demeure donc, à travers tous les changements apparents, la propriété de l'activité intellectuelle. Toutes les facultés se combinent intimement, l'âme reste parfaitement une en son fond ; et si l'on peut dire que la sensibilité, et l'intelligence, malgré leur nature si diverse, se compénètrent intimement, il est *a fortiori* impossible de contester l'unité profonde de la raison elle-même.

L'activité intellectuelle est encore *immanente*. L'intelligence étant immatérielle ne reçoit en réalité rien du dehors ; elle est seulement disposée, par l'action extérieure, à développer, et à exprimer ce qui n'était en elle que possibilité latente.

Le fait d'ailleurs de ne passer à l'acte que sous l'impulsion d'un moteur externe, garantit à l'intelligence sa valeur *objective*. Elle n'est pas directement mue par les objets eux-mêmes, qui ne peuvent entrer en contact avec une faculté dépourvue d'organe ; mais elle est déterminée par les sensations, par les images sensibles, représentations objectives et réelles des choses. La cause de nos sensations et de nos représentations n'étant pas en nous-mêmes, réside par suite en dehors de nous, dans des êtres, dont l'existence réelle nous est ainsi manifestée.

Parfaitement une, immanente et représentative, l'action de l'entendement est encore *immatérielle*. La pensée étant universelle, ne saurait être renfermée dans un organe étendu ; l'universel ne peut être individualisé. « Toute pensée, toute opération intellectuelle est, en soi, sans organe matériel, parce que sa forme universelle est incompatible avec la limitation individuelle de tout ce qui est matériel (1). »

---

(1) GARDAIR. — Corps et âme, p. 239-240.

L'intelligence est donc spirituelle ; on peut la considérer comme étant la faculté, la propriété qu'a l'âme raisonnable de produire des idées. C'est le pouvoir d'abstraire et de généraliser, de percevoir les rapports, les lois, les essences des êtres, en les dégageant des sensations et des images. L'intelligence engendre l'idée, notion universelle ; elle conçoit les êtres hors des contingences de l'espace, et du temps, elle les soustrait à l'empire de la matière, et en dégage la nature profonde et mystérieuse. Le privilège de la raison nous permet de penser, en quelque sorte, d'une manière divine ; capable de conceptions universelles, nécessaires, éternelles, l'homme peut s'élever jusqu'au domaine de l'absolu.

RÉSUMÉ ANALYTIQUE

Première Partie. — Esquisse du rôle et de la nature du νους, dans la philosophie d'Aristote.

Chapitre premier. — L'importance du νους dans la la philosophie d'Aristote.

> La raison étend son influence sur tout le domaine de la philosophie.
> Elle est l'explication profonde et dernière de tout.
>> En politique : la loi est l'expression de la raison.
>> En morale : la raison est le souverain bien.
>> En théodicée : Dieu est la Pensée.
>> En cosmologie : la raison exerce une certaine force d'attraction sur la nature.
> A l'état de puissance dans toute la nature, l'Intelligence est source d'existence, elle est vie.
> Dans l'âme humaine : à l'état d'acte, le νους est un principe propre à l'homme. Seul parmi les êtres créés il le possède.

Chapitre II. — Place du νους dans l'homme. — Sa définition. — Extension. — Lois. — Parties. — Notion métaphysique du νους. — Caractères et facultés de la raison théorétique.

La raison suppose et dépasse toutes les autres facultés.

Terminologie un peu flottante.

L'intelligence est distincte de la sensibilité (de la sensation, de l'imagination).

Dans la connaissance, la matière et l'esprit pur se trouvent donc en présence !

Comment la connaissance du dissemblable par le dissemblable est-elle possible ?

Le νοῦς pur et parfait, l'intelligence divine ne connaît pas la matière.

Mais, d'après l'observation, elle est connue de l'homme. Comment ?

Le νοῦς humain n'est pas totalement étranger au corps :

Influence du corps.

Analogie de l'intelligence avec la sensibilité

Origine empirique de l'art et de la science.

Il y a communication entre l'esprit et la matière. Comment ?

Lois de la raison humaine :

1. Il y a mouvement nécessaire du sensible à l'intelligible.
2. Il y a conception simultanée, il y a corrélation des contraires.

Ces deux lois révèlent, semble-t-il, dans le νοῦς, deux puissances, deux facultés :

« Une capacité réceptive : l'intellect passif νοῦς παθητικός qui est la matière de l'intelligence.

β Une force, une énergie : l'intellect actif νους ποιητικός qui est la forme de l'intelligence.

Caractères communs : l'intelligence est : séparée, impassible, sans mélange.

α Intelligence passive.

Caractères : subordonnée ; périssable comme le corps.

Fonction : devenir la « forme » des sensations et des images.

Nature : elle a peut-être plus de rapports avec l'imagination qu'avec l'intelligence active et pure.

Preuves proposées ; discussion.

Elle est peut-être l'imagination fournissant à l'intelligence sa matière.

β Intelligence active.

Caractères et nature. — Non seulement l'intellect actif est séparé, impassible, sans mélange, mais il est encore : principe causal, antérieur et supérieur à l'intellect passif, indestructible, infaillible à l'égard des indivisibles.

Fonctions ; but : comprendre et contempler la vérité.

Opérer deux passages successifs de la puissance à l'acte :

1. Condition de l'exercice de l'intellect patient.

Il informe l'intelligence passive, qui s'assimile l'objet intelligible.

2. Intuition de l'abstrait, de l'universel.

Connaissance : de l'essence, du moi pensant.

La connaissance, fournie par l'intellect actif est théorétique.

Le νους ποιητικός vise à la connaissance scientifique ; il a pour objet l'abstrait, nécessaire, universel, absolu. Purement spéculatif, il tend à la contemplation.

Mais l'intellect actif a diverses facultés, auxquelles correspondent les vertus dianoétiques.

Ces moyens d'atteindre la vérité forment une sorte de hiérarchie dont les degrés sont : la science, qui embrasse, par la démonstration et le raisonnement, l'universel et le nécessaire; l'entendement, le νους proprement dit, qui a l'intuition des principes ; la sagesse, synthèse de la science et de l'entendement, qui a son terme dans la contemplation.

CHAPITRE III. — Le νους principe d'action et faculté pratique. — Origine et destinée du νους. — Conclusion : autonomie de l'intelligence.

Outre la raison théorétique, l'âme pensante a une autre partie rationnelle : la raison délibérative, pratique, logistique δοξατικόν, βουλευτικόν, λογιστικόν.

Elle a pour objet le contingent, l'individuel, le bien relatif.

Fonctions de la raison pratique :

α Principe de mouvement, elle applique les

idées théoriques, par l'action πραξις, ayant pour fin l'intérêt, par la production ποίησις (raison poétique).

β Jugement, calcul, choix.

Facultés : conjecture, délibération; prudence.

Comparaison rapide de la raison théorique et de la raison pratique.

Origine et destinée du νους.

Le νους n'est pas le produit d'une évolution naturelle ; il vient du dehors, il est divin.

Le νους, d'après son rôle et sa nature, doit avoir une destinée exceptionnelle.

L'intelligence spéculative seule est immortelle.

Conclusion :

Grandeur de la raison humaine ; elle est divine.

Autonomie absolue et universelle de l'intelligence.

Nota. — Les notes renvoyant au « Traité de l'âme » se réfèrent (pour la plupart) à l'édition de Berlin ; les autres à l'édition Firmin Didot. Pour cette dernière, les livres, chapitres et paragraphes sont seul indiqués ; pour l'édition de Berlin la ligne est mentionnée.

Deuxième Partie.— Du rôle et de la nature de l'intelligence dans la philosophie de St Thomas.

La psychologie thomiste de l'intelligence est-elle une traduction ou un développement et un perfectionnement de celle d'Aristote ?

St Thomas fit œuvre d'interprète, — de polémiste, — de philosophe éclectique et conciliateur.

Chapitre premier. — Les analogies avec la théorie d'Aristote.

§ I. — L'ensemble de la psychologie thomiste de l'intelligence paraît reproduire dans ses grandes lignes la théorie du νους d'Aristote.

§ II. — Même hégémonie de l'intelligence, — faculté strictement déterminée et limitée.

§ III. — Mêmes fonctions : puissance supérieure ayant une opération propre. Rôle primordial et particulier de l'abstraction. Elle rend possible une certaine assimilation de la matière par l'esprit.

Connaître, c'est transformer et recevoir, assimiler et exprimer.

C'est l'acte de la faculté de l'universel.

Deux lois de la connaissance intellectuelle :

Antériorité nécessaire de la connaissance sensible ;

Uniformité des contraires.

§ IV. — Même nature : l'âme intelligente est une forme absolue.

Dualité des facultés intellectuelles, — intellect agent, — intellect possible.

Chapitre II. — Comment St Thomas se sépare d'Aristote.

§ I. — Cependant les différences sont nombreuses,

Dans la forme.

Dans le fond, sur des questions susceptibles d'interprétations différentes chez Aristote.

St Thomas développe, éclaire et précise simplement la logique de l'intelligence, son fonctionnement.... Il complète, et modifie parfois les opinions souvent vagues d'Aristote sur la nature métaphysique de l'intelligence.

Aristote laissait — certains points mal établis sur le rôle final des deux intellects, et sur leur distinction ;

Des incertitudes sur la nature de l'intelligence, sur son unité, sa personnalité, sa substantialité, sur l'immanence de son activité, et sur son immortalité.

§ II. — A ces opinions vagues, Thomas d'Aquin substitue des croyances fermes et clairement établies. Il met plus de synthèse et d'unité dans l'intelligence.

Il semble qu'on puisse distinguer trois sources principales aux précisions et aux corrections apportées par Thomas d'Aquin :

1° Les certitudes théologiques du Christianisme. Fixation de l'origine et de la fin de l'intelligence.

2° La polémique anti-averroïste.

St Thomas établit contre les averroïstes, aristotéliciens rigides : — la substantialité, — la personnalité, l'individualité de l'intelligence.

L'intelligence est une vertu de l'âme. L'intellect est la forme de l'individu.

3° L'esprit augustinien de la tradition théologique au début du xiii° siècle.

Chez St Thomas l'hégémonie intellectuelle est atténuée. Elle n'exclue plus dans la connaissance le rôle des facultés morales.

L'intelligence est créée. — La raison n'est pas l'unique principe de connaissance ; part de l'intuition, du cœur. — Elle n'est pas le souverain bien. Dieu est plus amour que vérité.

§ III. — Thomas précise — le rôle propre — et les rapports des deux intellects entre eux. Il diminue leur opposition et leur hétérogénéité.

I. *Intellect possible.*

1. Il n'est pas quelque chose de la matière.

La matière et la forme, étant les éléments constitutifs du composé physique, ne peuvent être rapportés à l'intelligence que par analogie. Cette analogie capable d'expliquer le mécanisme logique de l'intelligence, n'éclaire pas la nature des deux facultés intellectuelles.

De ce que seul l'intellect passif, selon Aristote, corresponde avec la matière, il ne s'en suit pas qu'il participe de sa nature.

St Thomas a vu que : — l'intelligence n'est pas incapable de communiquer avec la matière,—l'intelligence ne participe par aucune partie de la nature de la matière.

2. L'intellect possible n'est pas l'imagination.

3. St Thomas modifie le rôle et le rang de l'intellect possible. — Il connaît. — Il devient prépondérant.

II. *Intellect actif.*

Il ne joue plus que le rôle préparatoire de — lumière, — d abstraction.

C'est le pouvoir générateur des formes intelligibles. C est un pouvoir d'analyse, une sorte d'instinct.

L'ordre d'importance des deux intellects est donc renversé.

§ IV. — Les deux intellects sont rapprochés par St Thomas. Ni incohérences apparentes, ni opposition de nature :

Plus de qualités opposées, — ni d'analogies exagérées avec la matière et la forme, — ni de puissance et d'acte s'opposant absolument.

Les intellects ne sont pas substantiellement distincts.

St Thomas précise et éclaire :

I. L'unité de l'intelligence.

Les hésitations d'Aristote sur la pluralité des formes dans l'être humain, et sur la pluralité des facultés intellectuelles, ne se retrouvent pas chez St Thomas.

Il affirme l'unité — de la personne raisonnable, — de la puissance intellectuelle (raison supérieure et inférieure, — intelligence pratique et spéculative, intelligence et raison).

Une seule puissance cognoscitive, passant par trois états :

En puissance (possible).

Mémoire (habituelle)

Acte.

Cependant l'abstraction et la conception, quoique simultanées, se rattachent encore à deux facultés distinctes.

II. L'activité de l'intelligence.

Elle apparaît nettement comme immanente.

Elle devient totale : rien n'est plus purement passif dans l'intelligence.

L'intellect agent est doué d'activité personnelle immanente.

L'intellect possible est aussi doué d'activité : il connaît.

L'activité de l'intellect agent est purement initiale et transitoire. Mais seul l'intellect possible est un pouvoir conscient.

Chapitre III. — Conclusion.

§ I. — St Thomas tend à établir l'homogénéité dans l'intelligence. Peut-être vit-il l'intelligence de plus haut, et avec plus de profondeur qu'Aristote. Il n'ajouta guère à la logique de l'esprit, mais il précisa et éclaira la nature métaphysique de l'intelligence.

Aristote, en savant, détermina surtout les phénomènes naturels de l'intelligence ; St Thomas, en théologien, en précisa les caractères métaphysiques. Il interpréta, éclaira, simplifia et compléta la théorie de l'intelligence d'Aristote, ne lui laissant presque plus rien à désirer.

§ II. — C'est, en effet, la théorie thomiste qui nous donne de *l'activité intellectuelle* l'idée la moins imparfaite.

On peut se représenter l'intelligence comme étant la faculté de produire l'universel, l'idée.

L'idée est — le résultat d'une *soustraction* ; c'est le fruit de L'ABSTRACTION.

L'idée est — susceptible d'être *indéfiniment multipliée* ; elle est *générale*.

L'analyse de l'idée montre que les deux grands procédés intellectuels qui la fournissent sont :
 l'abstraction,
 la généralisation.

L'activité intellectuelle a pour caractères généraux d'être : — une et continue, — immanente, — représentative, — immatérielle.

L'intelligence est la faculté de concevoir l'essence des choses, de penser l'abstrait et l'universel, le nécessaire et l'éternel, de saisir l'absolu.

BIBLIOGRAPHIE

Œuvres d'Aristote. — Collection Teubner et édition Firmin-Didot.

Les Commentaires de Simplicius, d'Albert le Grand, de saint Thomas, du Cardinal Tolet, de Trendelenbourg, etc.

Les Traductions de Barthélemy-Saint-Hilaire et de Rodier.

Œuvres de saint Thomas.

Ravaisson. — La métaphysique d'Aristote.

Waddington. — De la psychologie d'Aristote.

Chaignet. — Essai sur la psychologie d'Aristote.

Denis. — Rationalisme d'Aristote.

Chauvet. — Entendement humain.

Talamo. — L'aristotélisme de la scolastique.

P. Mandonnet. — Siger de Brabant.

P. Peillaube. — Théorie des concepts.

Abbé Piat. — L'intellect actif.

Combes — La psychologie de saint Thomas.

Boutroux. — Etudes d'histoire de la philosophie.

Cousin. — Histoire de la philosophie.

Gardair. — La connaissance. — Corps et âme.

Crolet. — Doctrine philosophique de saint Thomas.

Mgr Mercier. — Psychologie.

Vacant. — D'où vient que Duns Scot ne conçoit point la volonté comme saint Thomas (Congrès Fribourg, 1897).

P. Libératore. — Théorie de la connaissance intellectuelle d'après saint Thomas.

Renan. — Averroès et l'averroïsme.

Rabier. — Psychologie.

P. Peillaube. — Analyse générale de la vie psychologique (Revue de phil., 1902, n° 5).

Piat. — L'âme et ses facultés, d'Après Aristote (Revue néo-scolastique, 1902, n° 2). — L'intelligence d'après Aristote (Revue de l'Institut catholique de Paris, 1902, n° 2).

TABLE DES MATIÈRES

	PAGES.
INTRODUCTION.	1
PREMIÈRE PARTIE. — Esquisse du rôle et de la nature du νους dans la philosophie d'Aristote	3
CHAPITRE I. — L'importance du νους chez Aristote	3
CHAPITRE II. — L'étude du νους. — La raison théorétique.	13
CHAPITRE III. — Le νους principe d'action, et faculté pratique.	40
DEUXIÈME PARTIE. — Du rôle et de la nature de l'intelligence dans la philosophie de saint Thomas	50
CHAPITRE I. — Les analogies avec la théorie d'Aristote	50
CHAPITRE II. — Comment saint Thomas se sépare d'Aristote.	76
CHAPITRE III. — Conclusion.	111
RÉSUMÉ ANALYTIQUE.	119
BIBLIOGRAPHIE.	130

NANCY. — IMPRIMERIE A. CRÉPIN-LEBLOND

www.ingramcontent.com/pod-product-compliance
Lightning Source LLC
Chambersburg PA
CBHW060142100426
42744CB00007B/864